府県会を主とする
選挙の取締と罰則
【昭和10年初版】

若泉小太郎 著

地方自治法研究
復刊大系〔第二七七巻〕

府県会を主とする

選挙の取締と罰則

〔昭和十年初版〕

日本立法資料全集 別巻 1087

信山社

府縣會を主とする

選擧の取締と罰則

前內務省警保局
警視
若泉小太郎
著

新光閣

序

明朗なるべき我選擧界が買收等の選擧違反行爲の屢々行はれることは誠に遺憾に堪えない次第にして、吾人は帝國憲政の將來を思ふとき、常に之が大廓淸を叫ばざるを得ないのである。當局は夙に此のことを憂へ、數次に亘つて選擧法令の改正が行はれ、大正十四年普通選擧法發布後再び今回の大改正を見るに至つたのである。

然れども法の活用は人にある。之が取締の任に當る者よく其の任務の重且大なるを悟り、法令の全般に通曉せなければならぬ。本書は著者が警察生活十六年間の經驗と、退官後法曹界に入つて後の研究の結果とにより、選擧取締の任に當る警察官諸氏、選擧事務に關係ある官公吏諸氏竝に實際選擧の運動に携はる各位の爲に選擧法令の運用を示さんが爲に記述したものである。從つて法令の解釋竝に運用に必要なる判例は、出來る限り之を引用したつもりであるが、深遠なる法理の研究は本書の企及し能はざるところである。

尙本書は昭和九年の衆議院議員選擧法の改正に伴ひ、之が準用を受くべき府縣會議員選擧の實際に活用せしめんが爲めに記述したものである。幾分にても實際家諸氏の參考ともならば幸甚である。

昭和十年八月

牛込の寓居にて

著　者　識

府縣會を主とする選擧の取締と罰則目次

緖論

別冊附錄

——目　次　終——

府縣會を主とする 選擧の取締と罰則

緒論

第一節 選擧法改正の經過

普通選擧法が初めて議會に提案されたのは明治三十四年の第十六議會に於て中村彌六、河野廣中、花井卓藏及び降旗元太郎の四氏によつて爲されたのであつたが、當時一般社會は普選に無關心であつたが爲め、何等輿論を喚起するにも至らず、案は否決された。其後普選案は數次議會に提案されたが、何れも否決の運命に會ひ、何時世に出るべき目當もなかつた。然るに、世界大戰後、我が社會狀態の急激なる變化に伴ひ、普選要望の聲漸く高く、遂に國民の大部分が之を支持するに至り、政府も現實に之を考慮することになり、大正十三年六月加藤高明內閣は、法制審議會の答申を基礎として普通選擧法案を作り、大正十四年の第五十議會に提出した。此法案は幾多の字餘曲折を經たが兎も角議會を通過し、大正十四年五月法律第四十七號として公布せられ、玆に初めて普通選擧法の確立を見るに至つた。

此改正は何と云つても、我選擧法の劃期的大改正であり。改正の主眼目は、何といつても選擧權の制限中納税資格の撤廢にあるが、同時に注目すべきは、從來の選擧法に無かつた、選擧取締に關する各種規定を加へ、罰則をより嚴重にしたことである。之に依つて選擧界の廓淸を期し、舊來の弊風を一掃しやうとしてのである。之に對しては、大正十五年一部の改正が行はれたが、何時の選擧にも依然として買收等の惡習は其跡を絶つことなく、又所謂選擧ブローカーの跋扈甚だしく、選擧の肅正困難なるを見て、政府は更に選擧法改正の必要を痛感し、昭和七年の第六十四議會に改正法案を提出したが、不幸通過しなかつたので、翌昭和八年大體前議會に提案されたと同樣の案を提案した。右案中、選擧運動者の行爲に付き候補者が過失なくして責任を負ふべき規定たる、所謂連坐規定に付ては衆議院に於て、政府との間に大論戰を見、修正されて骨拔きとなつたが、貴族院に於て再修正を加へて政府提案の趣旨に贊成の意を表し、一時は再び闇に葬り去らるゝの運命に逢着したのが、兩院協議會に於て漸く活路を見出し兎も角も世に出ることゝなつた。

選擧法の發布に引續き關係勅令及省令の改正が行はれた。即ち衆議院議員選擧法施行令の改正は昭和九年十一月十二日勅令第三百二十五號を以て、選擧の手續に關して衆議院議員選擧法施行規則の改正は同日付內務省令第二十九號を以て、無料郵便物の取扱に關する選擧無料郵便規則の改正は、同日付遞信省令第六十七號を以て、選擧運動の爲にする文書圖書、選擧事務所の數、選擧帳簿等に關する衆議院議員選擧運動等取締規則は、同年十二月十二日內務省令第三十六號を以て夫々公布せられた。

衆議院議員選擧法の改正に伴ひ、之を準用せらるべき地方議會の選擧に付ても當然改正が行はれ、昭和十年七月二日を以て、法律第四十四號府縣制、法律第四十五號市制、法律第四十六號町村制、法律第四十七號北海道會法、勅令第百七十四號府縣制施行令、勅令第百七十五號、市制町村制施行令、勅令第百七十七號北海道會法及北海道地方費法施行令、勅令第百七十九號北海道二級町村制、內務省令第三十八號府縣制施行規則の改正が行はれ、內務省令第四十二號を以て地方議會選擧運動等取締規則が發布せられ、茲に法令の陣容全く成つたのである。

第二節　選擧法令改正の内容及地方議會の準用規定

昭和九年の大改正の動機は、買收等の犯罪を絶無ならしめ、選擧界の淨化を目的とするものであるが、その改正の内容に付ては(一)議員選擧の方法に付き或範圍の改正を行つたこと(二)選擧運動費用の減少を圖る爲め、選擧運動の取締に關する規定を嚴重にしたこと(三)選擧犯罪を防止する爲め、罰則の改正を行つたこと(四)官公吏に依る所謂選擧干渉の弊を防止する爲め、官公吏の選擧犯罪に對する刑罰を一般的に加重し、殊に選擧事務に關係ある官公吏又は警察官吏の買收犯罪に付ては、新に規定を設けて之を處罰することゝし、又官公吏の選擧犯罪に付ては、其の時效完成の期間を延長する等必要なる規定の改正を行つた。

以上の外、今回の改正に於ては、更に或る範圍内に於て所謂選擧公營の主義を採用し、之に必要な規定を設けたのである。所謂選擧公營に付ては、昭和七年法制審議會より答申の次第もあつて、政府は之に付き愼重考究を重ねたのであつたが、法制審議會參考案に示されたるが如き徹底した公營を行ふことは中々困難であるが、唯其のうちで實行上の困難も少く、且つ選擧運動費用の減少の趣意より見て、又選擧運動に於ける機會均等を實現する意味合に於て、相當有意義なりと認められた部分は之を今回の改正の中に採用することゝした。卽ち

第一 法第四十條第二項の公の營造物の設備に於て開催する演說會に付ては、當該營造物の管理者に於て其會場施設を爲すこと

第二 地方長官は議員候補者の政見等を記載したる文書、卽ち公報とも稱すべきものを發行することゝした。而して演說會の施設に付ては、候補者の私營を別段禁止はせぬが、選擧文書に付ては、公營の反面として、一回の無料郵便物及び演說會告知の爲にする文書の外、總て其の私的頒布はこれを禁止し、之が違反に對しては相當嚴重なる制裁を以て臨まんとしたのである。

次に改正法中、府縣會議員選擧に準用さる、ものに付き大要を述べんに、

一 選擧人及被選擧人の資格に關する規定の改正

(一) 服役第一年次の豫備役下士官にして警備其の他の必要に依り召集せられたる者を、現役

中の軍人と同様に選擧權被選擧權を有せざることゝしたこと（法第七條、府縣制第六條）。

（二）海軍豫備學生の制度新設に伴ひ、兵籍に編入せられたる學生生徒中例外として選擧權及被選擧權を認むべき者に海軍航空豫備學生を加へたこと（施行令第三條、府縣制施行令第二條）

二　選擧權及被選擧權の停止に關する規定の改正

（一）原則として、衆議院議員選擧法の罰則に觸れ罰金以上の刑に處せられた者は五年間選擧權及被選擧權を停止せられるが、輕微なる形式犯（法第一三〇條及第一三二條の罪）に付ては之を除外することゝした（法第一三七條）本條は府縣議會の選擧に準用される。

（二）法第百十二條乃至第百十三條の罪を犯し、刑に處せられたる者、再び同質の罪に付刑に處せられたるときは、選擧權、被選擧權の停止期間を延長して十年とした（法附則末項）。

（三）裁判所は情狀に因り、刑の言渡と同時に法第百三十七條第一項第二項の選擧權、被選擧權停止の期間を短縮する旨を宣言することが出來ることゝした。

（四）租稅滯納處分中の者は被選擧權を停止することゝした（府縣制第六條第六項）。

三　議員候補者の屆出に關する改正規定

選舉の期日前七日迄に屆出又は推薦屆出のあつた議員候補者が、其の選擧區に於ける議員の定數を超ゆる場合に於て、その後議員候補者中死亡者又は辭退者を生じたときは、選擧の期日前二日迄に限り議員候補者の屆出又は推薦屆出を爲すことを得ることゝした。從來は前日迄であつたのを改めたのである（法第六七條第三項、府縣制第一三條ノ二第三項）。

四　不在者投票に關する改正規定

選擧人にして勅令の定むる事由に因り選擧の當日投票時間內に自ら投票所に到り、投票を爲し能はざるべきことを證する者の投票に關し、勅令を以て特別の規定を設けたこと（府縣制第一九條ノ二、府縣制施行令第一六條ノ二乃至第一六條ノ一〇）。

五　法定選動者に關する改正規定

（一）　選擧事務員の制を廢止した。

（二）　選擧委員の數を制限した（法第九三條、府縣制施行令第一七條）。

（三）　選擧運動の爲使用する勞務者に關する規定を設け（法第八九條、府縣制施行令第一八條）、之に關する種々の制限を設けた。

六　選擧事務所の數に關する改正規定

選擧事務所の數は、從來衆議院議員選擧に於ては七箇所迄を、府縣會議員選擧に於ては三箇所迄設置し得ることゝなつてゐたのを、何れも一箇所と改められた（法第九〇條、施行令第五七條ノ二、府縣制第三九條）。

七　選擧運動開始の時期に關する改正規定

從來は立候補屆出前でも選擧運動を爲して差支なかつたのであつたが、法は第九十五條ノ二を新設して、今後は立候補屆出後でなければ選擧運動を爲すことが出來ぬことゝした。

八　第三者の選擧運動に關する改正規定

（一）第三者は演說又は推薦狀に依る選擧運動をなし得るのであるが、改正法は之に左の制限を設けた（法第九六條第一項但書、施行令第五七條ノ三）。

(1)　選擧人に對し、戶別訪問を爲し、又連續して個々の選擧人に對し面接し若は電話により通話を爲すことを得ない。

(2)　演說會告知の爲にする場合を除くの外新聞紙又は雜誌を利用することを得ない。

(3) 演説又は推薦狀に依る選擧運動を爲すに付强て議員候補者の承諾を求むることを得ない

(二) 豫め議員候補者又は選擧事務長の文書に依る承諾を運動を爲したる場合の外、實費辨償を受くることは出來ない（施行令第九七條第一項）。

九 演説會出演者數の制限に關する改正規定

舊法は演説會出演者數に關しては何等制限を設けなかつたが、今回の改正に於て、一演説會に於ける出演者の數を四人、議員候補者又は其の代理者出演せざるときは三人と限定した（法第九八條ノ三、法第一三〇條）

一〇 文書圖畫の制限に關する改正規定

衆議院議員の選擧に於ては、所謂選擧公營の施行に伴ひ、法第百四十條第四項の文書を發行する區域に限り、同條第一項の無料郵便物を配布するの外、選擧運動の爲文書圖畫を頒布することを禁止したが（法第九八條ノ二、法第一二九條）地方議會の選擧に於ては所謂選擧公營の規定の準用がないから、此の制限は及ばない。然れども省令の改正に伴ふ左の制限は準用される。

(1) 立札、看札の類に記載すべき事項に制限を設けたこと。

(2) 立札、看札の類には警察署の檢印を受けしめること。
(3) 演說會告知の爲にする文書と雖も、選擧の當日、投票所の入口より三百二十七米以內の區域には新聞の折込配布を禁止したこと。
(4) 選擧運動の爲にする文書圖畫は、航空機によりて頒布、揭示を禁止した。

二　選擧期日後に於ける挨拶に關する改正規定

選擧の期日後に於て、當選又は落選に關し選擧人に挨拶する目的を以て左の行爲を爲すことを禁止した(法第一〇〇條ノ二、規則第一三條、第一八條)。

(1) 選擧人に對し戶別訪問を爲し、又は連續して個個の選擧人に對し面接し若は電話に依り通話を爲すこと。
(2) 自筆の信書を除くの外、選擧人に對し文書圖畫を頒布し又は揭示すること。
(3) 新聞紙又は雜誌を利用すること。
(4) 當選祝賀會其の他の集會を開催すること。
(5) 氣勢を張るの行爲を爲すこと。

二　選擧運動費用に關する改正

選擧運動費用に關しては法定額を低下し、選擧運動費用を記載すべき諸帳簿の様式を定め、精算書の保存及閲覽に關する規定を設けたこと（法第一〇二條、府縣制施行令第三一條）。

三　罰則に關する改正

買收犯罪、選擧の自由妨害罪、官公吏の選擧犯罪、選擧に關し官吏又は吏員の職務濫用又は職務懈怠の罪、官吏又は吏員が選擧人に對し被選擧人の氏名の表示を要求する罪の刑罰を加重し、左の新なる規定を設けた。

(1) 買收行爲を爲さしむる目的を以て、金錢又は物品を供與したる行爲の外尙之等を單に交付したるに止まる行爲をも處罰すること（法第一一二條第一項第五號）。

(2) 所謂選擧ブローカーの買收犯罪を特に嚴罰するの規定を設けたこと（法第一一二條ノ二）。

(3) 選擧に關し官公吏の職權濫用と爲るべき事項を具體的に例示したこと（法第一一六條第一項）。

四　所謂連座に關する規定の改正

法定の選擧事務長の外、事實上選擧運動を總括主宰したる者が買收犯罪に因り處罰せられたる場合にも、一定の條件の下に當該當選人の當選を無效とすることゝ爲したること（法第一三六條）。

尙今回の改正中の主要事項たる選擧公營は、府縣會議員の選擧には準用されないことになつて居るが、之が改正は選擧運動費用の減少に付いても大に關係あることで、縱令、その規定は準用されなくとも、その精神は大に汲まれることであるから、次にその大要を說明する。

選擧公營の內容は如何なるものか、公營の具體的方法は「演說會」に關するものと「文書」に關するものとの二項目より成る。先づ演說會においてはその候補者の申請により當該營造物の管理者において會場施設の公營を行ふ。會場の施設は照明、演壇、聽衆席等演說會開催のために必要なる最小限度に止め（煖房は公營の範圍外）その程度、金額は豫め營造物の管理者において一般的標準を定め置かせ特に費用については候補者に設備使用前納付せしむるやうにする。公營費用は一回に限り國庫において負擔するが、その他は各候補者の負擔とする。更に文書の公營は地方長官が各選擧區每に一回に限り「選擧公報」を發行することで、その公報に登載する文案は各候補者が選擧期日前十日乃至十五日の間に提出し、地方長官が定め、費用は國庫負擔とする。公報は勿論郵便により各有權者に配布させる、選擧公報以外無料郵便物の差出は從來通り一回、演說會告知のためのポスターは五千枚を限度として認むるが、その他の文書による選擧運動即ち推薦狀、ビラ等は一切これを禁止する、この規定は最初勅令中に規定するため改正案には挿入してなかつたが、司法省の注意により第九十八條中に規定すると共にこれが罰則をも第百廿九條に規定したものである。

尙選擧公營に關し注意すべき事項を擧げると、次の如くである。

（一）選擧公營の主體は地方長官と市町村長とである。而して地方長官と市町村長との事務の區別に付ては、選擧公報の發行等文書に關することは地方長官の任務とし、演說會場の設備は市町村長の任務としたのである。尤も演說會の設備の管理者は大部分市町村長であるが、公會堂、商工會議所等の如き市町村長以外の者の管理する建物に於て演說會を開く場合は、選擧公營の場合の管理者は市町村長でなくして、地方長官である。

（二）府縣知事の發行する選擧公報には、候補者から提出した政見を其の儘登載するのであつて縱令名譽毀損、利害關係の利用に依る誘導、虛構の事實又は身分詐稱等の疑あるときと雖も之を發賣することゝなつて居る。然し治安風俗に害ありと認めたときは此の限りではない。蓋し政見發表の文書中に、利害關係誘導等の字句ありや否やといふことは結局法律問題であつて、裁判所で決定すべきものである。之を地方長官たる行政官の自由裁量に委することゝなると延いて選擧干渉の緒を開くことゝなるからである。

（三）選擧公營に關する費用に關しては、選擧公報は府縣がやるのであるから府縣の費用とし、公共の營造物、演説會の設備に關することは主として市町村長がするのであるから、其の費用は市町村に負擔せしむべきものであるとの議論もあるが、元來選擧は國の事業であるから、國家が之を負擔するのが正當である。改正法の公營に對する費用は此の趣旨から國庫の負擔とすることゝしたのである。

（四）選擧公營とは、選擧は國家的の仕事であるから、國家の費用を以て國家が之を行ふといふことを云ふのであるが、現行法に於ても、公共の營造物を無償で借りることが出來、又一回の郵便は無料とし、選擧人名簿は何十冊となく府縣廳から之を呉れるのである。之も一種の公營であるが、此の制度を少しく擴張して、成るべく候補者にも金の懸らぬやうにし、便宜を與へることにしやうといふのが改正法の趣旨である。

然し乍ら、公營を極端にやり、選擧運動を全く機械的なものにすることは、國民の政治思想の向上、選擧運動の自由を妨害し、延ては立憲政治の大精神を破壞することゝなるので、選擧運動全部の公營といふことは不可能と見なければならぬ。

選擧公營に關しては勅令を以て詳細なる規定を設けることになつて居る。勅令案の內容は左の通りである。

演說會に對する公營

（イ） 法第百四十條第二項の營造物の設備において開催する演說會については候補者の申請に基き、當該營造物の管理者においてその會場施設の公營を行ふ。

（ロ） 施設の範圍は照明、演壇、聽衆席等演說會開催のため必要なる最少限度に止め（煖房は公營の範圍外とす）その程度に付いては各營造物の管理者をして豫め一般的標準を定め置かしむ。

（ハ） 公營費用は各候補者に付營造物の設備毎に一回の公營を限り國庫の負擔とし、その他は候補者の負擔とす、各一回の公營費用については、各營造物の管理者をして豫め一定の金額を定め置かしめ、候補者をしてその費用を負擔せしむべき場合においては設備使用前これを納付せしむ。

(三) 演說會場の施設は(イ)に掲げたる演說會についても、候補者自らこれをなすことを妨げず、また公營による場合において候補者自ら施設を付加することを妨げず。

文書に對する公營

(イ) 地方長官は選擧區每に一選擧につき一回選擧公報を發行す。但し交通不便の地域を含む等の事由により事實上選擧公報の發行困難なる選擧區についてはこれを發行せず。

(ロ) 選擧公報に登載すべき文案は各候補者よりこれを提出せしむ。その提出期限は大體選擧期日前十日乃至十五日の間において地方長官これを定む。

(ハ) 候補者より提出したる文案はその内容が明に治安または風俗を害するものなるときは、これを選擧公報に登載せざるも、名譽毀損、利害關係の利用に依る誘導、虛構の事實または身分詐稱等の疑あるときと雖もこれを選擧公報に登載す。

（ニ）選擧公報は郵便により各有權者にこれを配布す。

（ホ）公營費用は國庫の負擔とす。

第一章　選擧運動

第一節　選擧運動の意義

大正十四年の普選法以前には、選擧運動に關する詳細な取締規定はなく、唯罰則に依つてこれを取締るに止めて居たのである。それが、大正十四年の普選法に於ては、特に選擧運動に關する詳細な取締規定を設けて嚴重に取締を爲すことゝなつた。その理由とするところは、選擧に關する從來の弊風を一掃して選擧界を廓清し、眞に理想的の選擧たらしめんとするにあることは勿論であるが、之に依つて、從來法的に認められなかつた選擧運動を認め、種々取締上の制限を加へると同時に、正當なる選擧運動に對しては法は之を保護することゝなつたのである。選擧運動を妨害する行爲を罰する規定の如き、其の一例である。

右の如く、法は選擧運動を認めたが、法文上選擧運動なる語の意義に對して何等の規定を爲さなかつた。尤も選擧運動なる語は、普選法以前にも選擧法中にあることはあつたが、定義は與へられてなかつた。

通俗に我々は「選擧運動」といふ語を使つて居る。而して其の觀念も大體頭にはあるが、いざ之を法的に說明しやうとなると頗る明確を缺くのである。一例を以て說明すれば、此處に政界に有力なる一人の政治家があつたと假定し、此の人が每年一定の時期に鄕里へ歸つて有權者を集めて宴會を催すことを例として居たとするに、此の宴會は選擧運動であるか否かと云へば、それが來るべき選擧に當選を得やうとする目的があつたとしても、誰しも選擧運動であると云ふ者はなからう。然るに之を選擧の前の年にやつたらどうか、來年の二月に選擧があるといふ前の年の十二月頃にやつたらどうか、每年の例にはなつて居るが、もう二、三ヶ月先には選擧の期日が迫つて居るのであるから、全く選擧に關係のない行爲とは云へないが、選擧運動であるとも斷言出來ない。それが每年の例でもないのに突然、そんな宴會を開いて、有權者を招待したとする。來月選擧が行はれるといふ時であつたならば、何人も、それは選擧運動であるといふに躊躇しないであらう。

如斯、選擧運動と然らざる行爲との限界は頗る曖昧なるが如くであるが、選擧運動の意義に關する判例は普選法施行以前からあつた。それによると、選擧運動とは議員候補者の爲に當選を斡旋する一切の行爲を云ふ（大正四年大審院（れ）第二二八六號、同趣旨大正四年大審院（れ）第一四一七號）といふことになつて居るが、更に其の範圍に付ても、選擧運動の方法、順序等に付協議する行爲も亦選擧運動の實行行爲の端緒であるから、之も選擧運動の中に包含するものと解し（大正四年大審院（れ）第一四九二號）、議員候補者に當選を得しむる目的を以て他人間に授受せらるゝ投票並に選擧運動の報酬を周旋するの行爲が候補者の當選を斡旋する行爲の一に屬し、從つて選擧運動たること論を俟たないと解して居る（昭和八年（れ）第一七七號大審院判決）。

然し乍ら、選擧法に云ふ所の選擧運動とは、

(1) 一定の議員選擧に付き

(2) 自己又は一定の議員候補者の爲に

(3) 當選を得せしむるが爲めに爲す一切の行爲

を云ふと解すべきである。直接に投票を得せしむると否とを問はない（昭和二年大審院（れ）第一四八九號、昭和八年大審院（れ）第一九八六號判決參照）。之を詳述すれば

一　一定の議員選擧に付き運動することを要す

即ち或る選擧に於ける當選を直接の目的とする運動でなければ選擧運動とは云へない。例へば現に代議士である人が、平素選擧區民の御機嫌をとつて置く爲に、春とか秋とか、毎年一回宛園遊會を催すといふが如きは、將來選擧があつたときの都合を考へて之を爲すのであるが、之は一定の選擧の爲にする運動ではないから選擧運動と云ふことは出來ない。然るに、既に選擧期日が告示されて何月何日に總選擧を行ふと定まり、其の選擧を目標として斯う云ふ御馳走をしたとなれば、それは立派な選擧運動となる。唯、告示以前に於ては選擧運動であるか否かの區別は多少困難とはなるが、要するに來るべき特定の選擧に於て當選を得ることを目的として爲す直接の運動であるならば、之を選擧運動と解して差支ないと思ふ。換言すれば選擧の具體的に特定することは、選擧の期日の確定することを云ふのではなくして、選擧そのものゝ特定することを云ふのである。

三　自己又は特定議員候補者の爲に運動することを要する

例へば私が當選したい。甲某を當選させたいから援助して呉れと云ふのでなければ、此處に所謂選擧運動と云ふことは出來ない。政黨が黨勢擴張の爲めに演說することは、一面に於ては自派の代議士の數を成るべく多くして、議會に於ける多數黨の地位を獲得しやうとする意思を多分に有すると雖も、之は具體的に何某を應援するといふ演說ではないのであるから、選擧運動といふことは出來ない。

判例は政黨が自派に對する官憲の干涉壓迫に備ふる爲、人を使役して之が監視を爲さしめたりするも、右が特定の議員候補者の當選を庶幾する目的を以て爲されたるにあらざる限り、其の監視行爲を以て選擧運動と爲すべきにあらざるや明なりと云つて居る（昭和七年（れ）第一八四九號大審院判決）。而して右判決は更に然れども苟も特定の議員候補者の當選を得又は得しむる目的を以て、議員候補者に對する官憲の行動を監視し、其の干涉壓迫を警戒するの行爲は議員候補者の當選を斡旋する行爲に屬すと謂ふべきが故に、之を目して議員候補者の爲にする選擧運動なりと解して居る。

三　當選を得若くは得せしむるが爲めに爲す一切の行爲を云ふ

判例は選擧運動を定義して「投票を得若は得しむるに付、直接又は間接に必要且有利なる周旋、勸誘若は誘導其の他諸般の行爲を爲すことを汎稱し」(昭和二年大審院(れ)第一四八九號、同趣旨昭和八年大審院(れ)第一九八六號判決)と云ひ、投票を得又は得しむるが爲めの凡ゆる行爲を包含して居る。從つて其の行爲の適法なると否とに因りて區別あるべきものでもない(昭和八年(れ)第一四八號大審院判決)。直接に周旋、勸誘を爲す行爲のみでなく、間接に投票を得若くは得しむるに付必要且有利なる行爲も、矢張選擧運動と解すべきである。例へば甲が、立候補者乙に當選を得せしむるには、運動者丙をして家計を顧慮することなく專心運動に從事せしむることが緊要であるとして、候補者から金錢を出さしめて之を丙に運動報酬として交付した行爲は、直接に投票を得せしむる行爲と云ふことは出來ないが、選擧運動の範圍に屬する。

行爲の主體に付ては何等の制限が無い。候補者自身の爲す行爲が選擧運動となるは勿論、法定の選擧運動者の行爲の外、無資格運動者(法定の選擧運動者以外の者)の行爲と雖も、以上述べた條件を備へて居れば之を選擧運動と云ふことが出來る。唯、無資格者の選擧運動はそれ自體處罰の原因となる。

行爲の客體に付ても、其の一個人に對すると多數人に對すると、直接有權者に對すると非有權者に對するとは、選擧運動たるに何等の消長が無い。例へば一個人に對して投票を依賴するも、多數人に對し演說を爲して投票を勸誘するも、其間に法的に何等の差異なく、有權者に直接依賴するも、非有權者を通じて有權者に勸誘を爲すも、何れも選擧運動である。

法第六十七條の規定に依れば、議員候補者たらむとする者は、選擧期日の公布又は告示の日から選擧の期日前七日迄に屆出を爲すことになつて居るが、此の屆出ありたると否と、屆出の前たると後たるとを問はず、選擧運動たる要件を具備せる行爲を爲した以上、それが選擧運動たるに何等異るところはない。例へば衆議院議員候補者たらんとする者が衆議院議員選擧法第百十二條第一號所定の行爲を爲したる以上は直に同條犯罪の成立を認むべきものにして、後日同法第六十七條に依り立候補の屆出を爲したると其の屆出を斷念したるとは右犯罪の成立に影響を及ぼすものに非ず（昭和九年（れ）第四一九號大審院判決）である。唯屆出前の運動は後に說明する如く禁止せられて居る（法第九五條ノ二）。

法第九十五條ノ二　選擧運動ハ第六十七條第一項乃至第三項ノ屆出アリタル後ニ非サレハ之ヲ爲スコトヲ得ス

法第六十七條第一項　議員候補者タラムトスル者ハ選擧ノ期日ノ公布又ハ告示アリタル日ヨリ選擧ノ期日前七日迄ニ其ノ旨ヲ選擧長ニ屆出ツヘシ

同　第二項　選擧人名簿ニ記載セラレタル者他人ヲ議員候補者ト爲サムトスルトキハ前項ノ期間内ニ其ノ推薦ノ屆出ヲ爲スコトヲ得

同　第三項　前二項ノ期間内ニ屆出アリタル議員候補者其ノ選擧ニ於ケル議員ノ定數ヲ超ユル場合ニ於テ其期間ヲ經過シタル後議員候補者死亡シ又ハ議員候補者タルコトヲ辭シタルトキハ前二項ノ例ニ依リ選擧ノ期日前二日迄議員候補者ノ屆出又ハ推薦屆出ヲ爲スコトヲ得

立候補屆出以前の運動は之を準備行爲と稱し、之に對して立候補屆出以後の運動を實行爲と稱して居るが、選擧運動たるには其の何れたるを問はぬことは前述の通りである。立候補屆出以前の運動に付き注意すべきは推薦運動である。推薦運動には事實上の推薦運動と法上の推薦運動との二があるが、法上の推薦運動は、法第六十七條の規定に依り第三者が候補者の推薦の屆出を爲すことで、之に依つて候補者は、議員候補者たるの資格を獲得するのである。屆出前の事實上の推薦運動は違法となること前述の通りである。

第二節　選擧運動に關する取締規定

第一款　人に關する規定

一　議員候補者

實質的意義に於ける議員候補者とは、自ら議員候補者たることを宣言し若は自己を候補者として外部に發表する一切の行爲を爲したる者、又は他人より議員候補者として推薦を受けたる者を云ふ。然るに大正十四年の改正（普選實施）により議員候補者の屆出主義を採用した結果、本法に於て議員候補者とは

（一）　自ら議員候補者として屆出を爲したる者

（二）　選擧人名簿に記載せられたる者により議員候補者として推薦屆出を受けたる者

に限る。右（一）及（二）の屆出は、議員候補者たらむとする者は、選擧の期日の公布又は告示のあつた日から選擧の期日前七日迄に選擧長に之を爲さなければならぬ（法第六七條第一項）。選擧人名簿に記載せられた者が他人を議員候補者と爲さむとするときは、右の期間内に推薦の屆出

を爲すことが出來る(法第六七條第二項)。此議員候補者屆出制度は別に理論的根據に基くものではなく、全く選擧運動取締の必要に基くものであるが、此制度があるが爲めに議員候補者たる地位は一種の法的地位となり、議員候補者、選擧事務長及選擧委員でなければ原則として選擧運動を爲すことが出來ないこととなる(法第九六條第一項)。

法第九十六條第一項 議員候補者、選擧事務長又ハ選擧委員ニ非ザレバ選擧運動ヲ爲スコトヲ得ズ但シ命令ノ定ムル所ニ依リ演說又ハ推薦狀ニ依ル選擧運動ヲ爲スハ此ノ限ニ在ラズ

而して選擧運動を爲す法定の資格を有せざる者が、議員候補者に當選を得せしむる目的を以て、選擧人又は選擧運動者に金圓を供與する行爲を爲すに於ては、衆議院議員選擧法第百十二條の罪と同法第九十六條及第百二十九條の罪との想像的競合罪を構成する(昭和八年(れ)第二七三號大審院判決)。議員候補者と雖も此屆出後でなければ選擧運動を爲すことが出來ない(法第九五條ノ二)。之は昭和九年の改正に依つて新に加へられた制限で從來は、立候補屆出前でも選擧運動を爲すことが出來たのであるが、今後は立候補屆出後でなければ選擧運動を爲すことが出來なくなつた。從來立候補屆出前の選擧運動に關し種々の弊害を見たからである。然し乍ら

立候補の屆出を爲す前に、立候補する爲めの準備として依賴狀や政見に關する文書を印刷し、封筒に入れて、立候補したならば直に出せるやうに準備するが如きは選擧運動の準備行爲であつて、立候補前に爲すも差支ないが、其の費用は無論選擧費用の中に加算するのである。

此の改正に依つて選擧運動と、選擧運動の準備行爲とが將來問題となるであらう。

三　選擧事務長

選擧事務長の制度は選擧運動の取締の爲めと議員候補者保護の爲めの二つの理由から設けたのである。普選法の施行に依つて有權者の數が非常に增加し、選擧運動も複雜になつて來ると從來のやうに之を各個人の仕事として放任して置くことは出來なくなり、勢ひ組織的の運動として中樞機關を置いて之を統率し、選擧運動に關する全責任を負はしむることを必要としたからである。之は一面候補者をして選擧運動事務の煩累から免れしめ、專心政見發表等の方面に力を注がしめんが爲めである。

（一）　意義　選擧事務長とは、特定の議員候補者の爲に選擧運動の中樞として選擧運動を指揮統括する者を云ふ。選擧事務長は各議員候補者に必ず一名あることを要し、選擧委員、選擧運動の爲にする勞務者を選任又は解任し、選擧事務所を設置し又は廢止し、選擧運動費用を支出し及其の支出の承認を與ふるの權限を有する。

（二）　選擧事務長の選任、解任、辭任　選擧事務長は有權者の中から議員候補者が之を選任する。議員候補者が自ら選擧事務長となることも出來る。又推薦屆出者も選擧事務長を選任し若は自ら選擧事務長と爲ることが出來る（法第八八條第一項）。然るに推薦屆出者の中には議員候補者の承諾を得て推薦屆出を爲した者と、議員候補者の承諾を得ずして推薦屆出を爲した者とがある。前者が選擧事務長を選任するには議員候補者の承諾を必要とするも（法第八八條第一項）、後者が選擧事務長を選任するには議員候補者の承諾を必要としない（法第八八條第二項）。但し後者も議員候補者の承諾がなければ自ら選擧事務長となることは出來ない。推薦屆出者が數人ある場合如何と云ふに、其の代表者が選擧事務長を選任することとなる（法第八八條第一項）。

選擧事務長の選任者又は自ら選擧事務長と爲つた者は、直に其の旨を選擧區內の警察署の一に屆出を爲さなければならぬ（法第八八條第五項）。

議員候補者は文書を以て通知することに依り、選擧事務長を解任することが出來る。選擧事務長を選任したる推薦屆出者も亦、文書を以つて通知することに依り、選擧事務長を解任することが出來る（法第八八條第三項）。

選擧事務長は文書を以て、議員候補者と選任者との双方に通知することに依り、辭任することが出來る（法第八八條第四項）。

法第八十八條　議員候補者ハ選擧事務長一人ヲ選任スヘシ但シ議員候補者自ラ選擧事務長ト爲リ又ハ推薦屆出者（推薦屆出者數人アルトキハ其ノ代表者）議員候補者ノ承諾ヲ得テ選擧事務長ヲ選任シ若ハ自ラ選擧事務長ト爲ルコトヲ妨ケス

議員候補者ノ承諾ヲ得スシテ其ノ推薦ノ屆出ヲ爲シタル者ハ前項但書ノ承諾ヲ得ルコトヲ要セス

議員候補者ハ文書ヲ以テ通知スルコトニ依リ選擧事務長ヲ解任スルコトヲ得選擧事務長ヲ選任シタル推薦屆出者ニ於テ議員候補者ノ承諾ヲ得タルトキ亦同シ

選擧事務長ハ文書ヲ以テ議員候補者及選任者ニ通知スルコトニ依リ辭任スルコトヲ得

選擧事務長ノ選任者（自ラ選擧事務長ト爲リタル者ヲ含ム以下之ニ同シ）ハ直ニ其ノ旨ヲ選擧區內警察官署ノ一ニ屆出ツヘシ

選擧事務長ニ異動アリタルトキハ前項ノ規定ニ依リ屆出ヲ爲シタル者直ニ其ノ屆出ヲ爲シタル警察官署ニ其ノ旨ヲ屆出ツヘシ

第九十五條ノ規定ニ依リ選擧事務長ニ代リテ其ノ職務ヲ行フ者ハ前項ノ例ニ依リ屆出ツヘシ其ノ之ヲ

罷メタルトキ亦同シ

【質疑回答】司法省刑事局、內務省警保局（以下同）

一　同一人カ偶々本條（法第八八條）第六項ノ屆出義務ト第七項ノ屆出義務トヲ同時ニ負擔シタル場合ニ於テハ何レカ一方ノ屆出ヲ爲スヲ以テ足レリトスヘキニ非ス其ノ屆出ハ二ツナカラ之ヲ爲スヘキモノトス（內務省問合）

二　問　推薦屆出者議員候補者ノ承諾ヲ得スシテ選擧事務長等ヲ選任シタル場合議員候補者ハ之ヲ解任シ得ルヤ（廣島檢事正問合）

答　積極ニ解ス

三　問　選擧ノ一部無效トナリ更ニ行フ選擧ノ場合ハ其ノ區域カ全部區域ナルト一部區域ナルトニ拘ラス選擧事務長ヲ新ニ選任スルコトヲ要スルヤ

答　選擧ノ一部無效トナリ更ニ行フ選擧ノ場合ハ其ノ區域ノ如何ニ拘ラス選擧運動ハ前ノ選擧運動ニ對シ常ニ別個獨立ノモノト認ムル結果新ニ選擧事務長ノ選任ヲ要スルモノトス（內務省）

四　特定人ニ對シ單ニ從來選擧事務長、選擧委員若ハ選擧事務員ト爲ルコトノ意嚮ノ有無ヲ問合セ又ハ特定ノ建物ノ管理者ニ對シ當該建物ヲ將來選擧事務所トシテ使用セシムルコトノ意嚮ノ有無ヲ問合スニ過キスシテ豫約ニ至ラサル行爲ハ未タ以テ之ヲ選擧運動ト謂フコトヲ得サルモノトス內務省

五　選擧ニ際シ政黨ノ本部又ハ支部カ候補者ヲ公認シ且單ニ之ヲ公表スル行爲ハ選擧運動ニ非ス然レトモ右公認ノ發表ニ加ヘテ當該候補者ノ當選ニ資スルノ意味ヲ表ハシタルトキハ選擧運動ナリトス（內務省）

六　問　恩赦ニ依リ復權セラレタル者ヲ選擧事務長ニ選任差支ナキヤ（內務省合議）

答　差支ナシ

（三）選擧事務長の職務權限　選擧事務長は他の法定運動者と異り、選擧運動の總帥として重要な地位に在るものであるが故に、法律上一定の權限を附與し、義務を負擔せしめられてある。選擧事務長の職務權限の主なるもの左の如くである。

(1) 選擧事務所の設置及廢止
(2) 選擧委員及選擧運動の爲に使用する勞務者の選任及解任
(3) 選擧運動の費用を支出し、其の支出の承認を與ふること
(4) 選擧事務所の設置及廢止、選擧委員、勞務者の選任及異動の場合之が屆出を爲すこと
(5) 選擧運動の費用に關する帳簿の備付及其記載
(6) 選擧運動の費用の精算及屆出

（四）選擧事務長の職務の代行　選擧事務長故障あるときは選任者が其の職務を代行する（法第九五條第一項）。推薦屆出者たる選任者も亦故障あるときは、議員候補者の承諾を得ずして其の推薦の屆出を爲した場合を除く外、議員候補者が代つて其の職務を行ふ（法第九五條第二

項）。

法第九十五條　選擧事務長故障アルトキハ選任者代リテ其ノ職務ヲ行フ

推薦屆出者タル選任者モ亦故障アルトキハ議員候補者ノ承諾ヲ得スシテ其ノ推薦ノ屆出ヲ爲シタル場合ヲ除クノ外議員候補者代リテ其ノ職務ヲ行フ

而して右職務の代行は叙上の場合に限り法律上當然之を爲すことを得るものにして、選擧事務長の授權に依り之を爲すべきものに非ざるは勿論、選擧事務長は自己の意思に因り他人に授權し、其の職務を代行せしむる事を得ざるものである（昭和九年（れ）第二〇號大審院判決）。

【質疑回答】選擧事務長ニ故障アリヤ否ヤハ客観的事實ニ依リ結局裁判所ニ於テ之ヲ決定スヘキモノナルモ選擧事務長ノ職務ヲ代行スヘキ地位ニ在ル者ハ一應之ヲ認定スルヲ得ルモノトス（内務省回答）

三　選擧委員

法は從來選擧運動員として選擧事務長の外に選擧委員及選擧事務員を認めて居たが、昭和九年の改正に依り選擧事務員なるものを認めないことゝし、その代り、選擧運動の爲使用する勞務者を認めることゝした。

選擧委員は選擧事務長に從屬して、特定の議員候補者の爲に專ら選擧運動に從事する者を云ふ。選擧委員は選擧權を有する者に限り（法第九九條）、選擧事務長が之を選任する（法第八九條）。選擧事務長は他人をして自己に代り選擧委員を選任せしむることを得ない（昭和九年（れ）第二〇號大審院判決）。選擧委員は選擧事務長と異り、必ず之を設けなければならぬことはない。選擧委員の數は議員候補者一人に付選擧區の配當議員數を以て選擧人名簿確定の日に於て、之に登錄せられた者の總數を除して得たる數一萬以上なるときは十人、一萬未滿なるときは八人を超ゆることは出來ない。其の異動卽ち辭任、解任等のあつた時と雖も右一萬以上なるときは通じて二十五人、一萬未滿なるときは通じて二十人を超ゆることは出來ない（府縣制施行令第一七條）。

（一）　選擧の一部が無效となり再選擧を行ふ場合　（二）　天災其他避くべからざる事故に因り所定の日に選擧を行ふことが出來ず、又は更に投票を行ふ必要あるとき（府縣制第一三條）は、右の定數を超えない範圍に於て、地方長官（東京府に在りては警視總監）は、選擧委員の定數を定めるのである（府縣制施行令第一七條）。

府縣制第十三條第二項　天災事變等ノ爲投票ヲ行フコトヲ得サルトキ又ハ更ニ投票ヲ行フノ必要アルト

キハ府縣知事ハ當該選擧區又ハ投票區ニ付投票ヲ行フヘキ日時ヲ定メ投票ノ期日前七日目マデニ之ヲ告示スヘシ

府縣制施行令第十七條　選擧委員ハ議員候補者一人ニ付選擧區ノ配當議員數ヲ以テ選擧人名簿確定ノ日ニ於テ之ニ登錄セラレタル者ノ總數ヲ除シテ得タル數一萬以上ナルトキハ十人（其ノ異動アリタル場合ト雖モ通ジテ二十五人）ヲ、一萬未滿ナルトキハ八人（其ノ異動アリタル場合ト雖モ通ジテ二十人）ヲ超ユルコトヲ得ズ

選擧ノ一部無效ト爲リ更ニ選擧ヲ行フ場合又ハ府縣制第十三條第二項ノ規定ニ依リ投票ヲ行フ場合ニ於テハ選擧委員ハ前項ノ規定ニ依ル定數ヲ超エザル範圍內ニ於テ府縣知事（東京府ニ於テハ警視總監）ノ定メタル數ヲ超ユルコトヲ得ズ

府縣知事（東京府ニ於テハ警視總監）ハ選擧ノ期日ノ告示アリタル後直ニ前二項ノ規定ニ依ル選擧委員ノ定數ヲ告示スベシ

選擧委員は旅費、宿泊料等の實費の給與を受けることは出來るが、報酬を受けることは出來ぬ。改正前の制度にあつた選擧事務員は、其の職務の性質上選擧委員と何等異るところはなかつたのであるが、選擧事務員は報酬を受けることが出來た。選擧法上同一性質のものが、一は報酬を受け一は報酬を受けることが出來ぬといふことが、非難の點となつて居たので、改正法は選擧事務員の制度を廢したのである。

選擧事務長は文書を以て通知することに依り選擧委員を解任することが出來る。選擧委員は文書を以て選擧事務長に通知することに依り辭任することが出來る。選擧委員の選任及異動は選擧事務長から選擧事務長の選任屆出を爲した警察官署に屆出をしなければならぬ（法第八九條）。然れども選擧委員（及選擧事務員）の資格の發生消滅は當事者の選任解任及辭任の意思表示のみによりて效力を生じ、警察官署に對する屆出は法定選擧運動者たる資格の發生及消滅の成立要件ではない（昭和三年(れ)第一六二一號大審院判決）。依て選擧委員の資格を得た以上は直ちに選擧運動を爲すことを得る。

茲に注意を要するは選擧委員の選任と投票取纒の依賴との區別である。兩者は別個の觀念に屬するが故に、假令選擧事務長が投票取纒の依賴を爲したればとて選擧事務員（選擧委員）の選任を爲したるものと謂ふを得ない（昭和八年(れ)第六三一號大審院判決）。投票取纒は何處までも單に投票取纒である。故に選擧事務長が他人に對し投票取纒の運動方を依賴し、金員を供與したる時は、實費の供與に非ずして投票買收の依賴を爲したものと見るべきである（同上判例參照）。

【質疑回答】

問　議員候補者甲ノ選擧事務長、選擧委員(又ハ選擧事務員)ハ議員候補者乙ノ選擧事務長、選擧委員(又ハ選擧事務員)ヲ兼ヌルコトヲ得ルヤ(名古屋檢事長問合)

答　積極ニ解ス

【判例】

一　**選擧委員、選擧事務員ノ性質並其ノ資格ノ發生消滅ノ時期**

法定選擧運動者中選擧委員及選擧事務員ノ區別ニ付本法第八十九條第一項ハ選擧事務長ニ非サレハ選擧委員若ハ選擧事務員ヲ選任スルコトヲ得スト爲シ又第九十七條ニ依レハ選擧委員又ハ選擧事務員ハ選擧運動ノ實費ノ辨償ヲ受クルコトヲ得選擧事務員ハ選擧運動ヲ爲スニ付報酬ヲ受クルコトヲ得ト定ムル外兩者ノ職務範圍ニ付規定スルコトナキカ故ニ選擧委員及選擧事務員ハ孰レモ選擧事務長ニ選任セラレ其ノ指揮ノ下ニ諸般ノ選擧事務ニ從事スル者ニシテ職務權限ニハ法律上差別ナク兩者區別ノ標準ハ畢竟スルニ選擧事務長カ選擧委員トシテ選任シタルヤ又ハ選擧事務員トシテ選任シタルヤノ形式ニ存シ(後略)

然ラハ選擧委員及選擧事務員タル資格發生ノ時期如何ト云フニ同第八十九條第一項ニ依レハ孰レモ選擧事務長ヨリ選任セラルヘキモノニシテ同條第四項ニ依レハ選擧事務長之レヲ選任シタルトキハ直ニ其ノ旨ヲ所定ノ警察官署ニ屆出ツヘク其ノ異動アリタルトキ亦同シト規定シ該選任ノ屆出ヲ強制スルニヨリ右選任セラレタル者ハ選任ノミニヨリ法定ノ選擧運動者タル資格ヲ得ヘク從テ選擧運動ニ從事スルコトヲ得ルヤ選任後其ノ屆出ヲ爲スニヨリ始メテ之ヲ克クスルヤ否ニ付更ニ審按スルニ議員候補者ニ關シテハ第六十七條ヲ以テ議員候補者タラントスル者ハ所定ノ期日迄ニ選擧長ニ屆出ツヘシト規定シ屆出ニヨリ其ノ資格ヲ取得スヘキモノナルコト明白ナルニ拘ラス選擧委員及選擧

事務員ニ關シ之ト趣ヲ異ニシ前掲ノ如ク選任ト屆出トヲ區別シ選任ニ付何等ノ形式ヲ要求セサルヲ以テ苟クモ當事者間ニ選擧運動ヲ爲スニ付明示若ハ默示ノ合意成立セハ選任行爲ハ完成スヘキモノニシテ其ノ解任辭任ニ關シ第八十九條第二項第三項ニ於テ選擧事務長ハ文書ヲ以テ通知スルコトニ依リ選擧委員又ハ選擧事務員ヲ解任スルコトヲ得選擧委員又ハ選擧事務員ハ文書ヲ以テ選擧事務長ニ通知スルコトニ依リ辭任スルコトヲ得ト定メ全然當事者ノ一方的意思表示ヲ以テ之ヲ爲スコトヲ得ルニ徵スルトキハ右資格ノ發生消滅ハ一ニ叙上選任解任及辭任ノ意思表示ニ因ルモノニシテ警察官署ニ對スル之カ屆出ハ法定選擧運動者タル資格ノ發生及消滅ノ成立要件ニ非サルヲ知ルニ足ルヘシ然リ而シテ選擧委員又ハ選擧事務員タル資格ヲ得タル以上ハ反對ノ規定ナキヲ以テ直ニ選擧運動ヲ爲スヲ得ヘシトスルヲ當然トス(昭和三年(れ)第一六二一號同年三、二二、大審院判決)

二　選擧事務長ノ投票取纒ノ依賴ト選擧運動者選任ノ資格發生

選擧委員又ハ選擧事務員ノ資格ノ發生ハ選擧事務長ノ選任ノミニ因リ效力ヲ生シ警察署ニ對スル屆出ハ選擧運動ヲ爲スコトノ要件ニ非サルコト本院判例ノ趣旨トスル所ナリト雖選擧事務員ノ選任ト投票取纒ノ依賴トハ兩者別個ノ觀念ニ屬スルヲ以テ假令選擧事務長カ投票取纒ノ依賴ヲ爲シタレハトテ選擧事務員ノ選任ヲ爲シタルモノト謂フヲ得ス(昭和八年(れ)第六三一號同年七、九、大審院判決)

四　選擧運動の爲に使用する勞務者

昭和九年の改正法は、選擧運動の爲に使用する勞務者の制度を認めた。選擧事務長が之を選任解任し屆出の義務を有することは選擧委員の場合と同樣である。選擧運動に勞務者を使用す

ることは從來も行はれて居たのであつたが、之が選任に付ては何等の制限もなかつたのである
勞務者なる語を法文に使用したのは今回が初めてである。勞務者なる語の意義は大審院の判例は、勞務者とは議員候補者若は選擧事務長若は選擧委員の命を奉じて機械的に仕事をする者であると云つて居る。從つて自分の頭を使つて、選擧といふものに對して作戰計畫を爲すが如きは、此處に云ふ勞務者ではない。勞務者は選擧委員と異り、有權者たることを要しない。勞務者の解任は文書に依ることを要しない。

勞務者の數は議員候補者一人一日に付、選擧區の配當議員數を以て選擧人名簿確定の日に於て之に登錄せられたる者の總數を除して得たる數一萬以上なるときは十五人を、一萬未滿なるときは十二人を超ゆることを得ない（府縣制施行令第一八條）。勞務者の數に付て問題となるのは選擧事務所の如き場所で茶を出したり、食事の用意をしたり、郵便物を出しに行つたりする給仕、小使或は下足番の如き者は、選擧事務所で特に雇入れた者は數の中に入るが宿屋で女中が來客に茶を出すとか、番頭が郵便物を出しに行くが如き場合は數の中に入らないと解する。

亦、多數の印刷物を封筒に書いて發送するには多くの人手を要するので、之を請負に付した場

合如何といふ問題であるが、請負は勞務者關係とは別であるから、他人に仕事を請負はす場合は如何に多くの人を使用するも本條に所謂勞務者でないと解する。

議員候補者と同居する親族、家族及常傭の使用人は、此處に云ふ勞務者の數の中に入らないから、此の制限外に使用しても差支ない。

選擧事務長は法定の樣式に依り徽章を作成し、之に選擧事務長選任の屆出を爲した警察署の檢印を受け、之を選擧運動の爲使用する勞務者に着用せしめなければならぬ。勞務者は其の勞務に從事中之を見易き箇所に着用しなければならぬ（選擧運動等取締規則第三條）。

府縣制施行令第十八條　選擧運動ノ爲使用スル勞務者ハ議員候補者一人一日ニ付選擧區ノ配當議員數ヲ以テ選擧人名簿確定ノ日ニ於テ之ニ登錄セラレタル者ノ總數ヲ除シテ得タル數一萬以上ナルトキハ十五人ヲ、一萬未滿ナルトキハ十二人ヲ超ユルコトヲ得ズ

前條第二項及第三項ノ規定ハ選擧運動ノ爲使用スル勞務者ニ之ヲ準用ス

選擧運動等取締規則第三條　選擧事務長ハ別記第一號樣式ニ準ジ徽章ヲ作製シ之ニ衆議院議員選擧法第八十八條第五項ノ屆出アリタル警察署ノ檢印ヲ受ケ之ヲ選擧運動ノ爲使用スル勞務者ニ着用セシムベシ

選擧運動ノ爲勞務ヲ提供スル者ハ其ノ勞務ニ從事中前項ノ規定ニ依ル徽章ヲ着用スベシ

第一號樣式（選擧運動ノ爲使用スル勞務者ノ徽章）

昭和何年何月何日執行衆議院議員選擧
議員候補者何某勞務者之章
第　號

五　第三者

選擧運動に所謂第三者とは選擧事務長、選擧委員、勞務者以外の者にして、特定議員候補者の爲に選擧運動を爲す者を云ふ。選擧事務長の選任屆出の手續を必要としない。從來は第三者の選擧運動は演說又は推薦狀に依る選擧運動に限つて之を無制限に認めた。之に對して政府は、選擧公營の實施、費用減少、選擧運動の統一化等の理由から第三者の運動は一切之を禁止することゝし、第六十五議會に改正案を提出したが、兩院の反對により、第三者の選擧運動は命令を以て基準を定め、其の範圍內に於て演說又は推薦狀による選擧運動を認めることゝした。昭和九年の改正法がそれである（法第九六條第一項）。改正の議會に於ける經過を左に述べる。

政府提出の原案は「議員候補者、選擧事務長又ハ選擧委員ニ非ザレバ選擧運動ヲ爲スコトヲ得ズ但シ議員候補者又ハ選擧事務長ノ文書ニ依ル承諾ヲ得テ選擧演說會ニ出演スルハ此ノ限ニ在ラズ」とあつたが、之に對して衆議院に於ては政黨政治の强調、政黨の確認等相當深い意味から選擧法中に政黨の選擧運動を規定すべく「候補者ノ所屬スル政事結社ニ限リ演說又ハ推薦狀ニ依ル選擧運動ヲ爲スコトヲ得」との條項を特に追加修正した。而も貴族院に於ても

（一）第三者が候補者の爲に演說又は推薦狀に依る選擧運動を爲すの人情美として奬勵助長するものでこそあれ、之を徒に禁止するは却て惡結果を招來する。

（二）選擧に於てこそ國民の政治教育が發達するので、之と密接な關係ある演說、推薦狀に依る選擧運動を禁止することは意味をなさない。

（三）投票買收等の惡質なる選擧犯罪に重罰を課する半面、言論、推薦狀の如き運動は出來るだけ寬大に取扱ふことが妥當である。

等の理由から第三者の選擧運動は舊法通り自由とせんとしたが、然し、無制限になる虞もあるので特に「候補者又ハ選擧事務長ノ文書ニ依ル承認ヲ得テ」といふ制限を設けて此の間の調節を圖ることにした。之が兩院協議會の結果、「議員候補者、選擧事務長又ハ選擧委員ニ非ザレバ選擧運動ヲ爲スコトヲ得ズ但シ命令ノ定ムル所ニ依リ演說又ハ推薦狀ニ依ル運動ハ此ノ限ニ在

ラズ」と改められた。尚ほ衆議院の希望する政事結社の文字は法律的に疑義があるので採用しなかつたが、此の第三者の中に政事結社が含まれて居ることは從來通り變りはない。

議會が「命令ノ定ムル所ニ依リ」と修正を加へた理由は、選擧界の現狀に鑑み選擧の自由公正を害するが如き演說を爲す者がある爲に、是等の公正を害する運動を爲す者に限り、之を制限することの規定を命令を以て定むるの必要があるといふ理由にして、換言すれば、命令を以て定めた事項以外のものに付ては、所謂第三者運動は許されるといふことになるのである。

第三者運動に關し別に命令を以て定むる事項は左の通りである。

法第九十六條第一項但書の規定に依り議員候補者、選擧事務長又は選擧委員に非ざる者が、演說又は推薦狀に依る選擧運動を爲す場合に於ては左の各項の制限に從はなければならぬ（施行令第五七條ノ三）。

（一）選擧人に對し戶別訪問を爲し又は連續して個個の選擧人に對し面接し若は電話に依り通話を爲すことを得ない。

（二）演說會告知の爲にする場合を除くの外、新聞紙又は雜誌を利用することを得ない。

（二）　演說又は推薦狀に依る選擧運動を爲すに付、强て議員候補者又は選擧事務長の承諾を求むることを得ない。

法第九十六條第一項　議員候補者、選擧事務長又ハ選擧委員ニ非ザレバ選擧運動ヲ爲スコトヲ得ズ但シ命令ノ定ムル所ニ依リ演說又ハ推薦狀ニ依ル選擧運動ヲ爲スハ此ノ限ニ在ラズ

施行令第五十七條ノ三　衆議院議員選擧法第九十六條第一項但書ノ規定ニ依リ議員候補者、選擧事務長又ハ選擧委員ニ非ザル者ガ演說又ハ推薦狀ニ依ル選擧運動ヲ爲ス場合ニ於テハ左ノ各號ノ制限ニ從フベシ

一　選擧人ニ對シ戶別訪問ヲ爲シ又ハ連續シテ個々ノ選擧人ニ對シ面接シ若ハ電話ニ依リ通話ヲ爲スコトヲ得ズ

二　演說會告知ノ爲ニスル場合ヲ除クノ外新聞紙又ハ雜誌ヲ利用スルコトヲ得ズ

三　演說又ハ推薦狀ニ依ル選擧運動ヲ爲スニ付强テ議員候補者又ハ選擧事務長ノ承諾ヲ求ムルコトヲ得ズ

【質疑回答】

一　本條ノ推薦狀ハ特定又ハ不特定ノ選擧人ニ對シ特定人ヲ候補者トシテ推薦スルノ趣旨ヲ記載シタル文書ニシテ書狀ノ形式ヲ具備シ又ハ特定若ハ不特定ノ選擧人ニ個々的ニ到達セシムルコトニ依リ社會通念ニ於テ書狀ト同一ノ效用ヲ有スルモノト認メラルルモノ例ヘハ某々ヲ議員候補者トシテ推薦スル旨ノ新聞廣告ノ如キヲ謂フ（內務省問合）

二 問 推薦狀ノ意義如何
信書ノミニ限ルカ廣告宣傳ビラ、張札、ポスター立看板等モ亦之ヲ含ムカ(民政黨問合)
答 前項參照
三 問 推薦狀ハ特定ノ者ニ配布スル場合ノミヲ云ヒ特定セサル多數ノ人ニ配布シタル場合ハ推薦狀ト認ムヘカラサルヤ(旭川檢事正問合)
答 推薦狀ハ特定ノ者ニ配布セラルヘキ場合ニ止ラス不特定ノ者ニ配布セラルヘキ場合ト雖モ推薦ノ意味ヲ有スル書狀又ハ之ニ準スヘキ程度ノ文書ナラハ之ヲ推薦狀ト解スヘキモノトス
四 問 推薦狀中ニ投票諾否ノ文句アル場合ニ術之ヲ推薦狀ト見ルカ(民政黨問合)
答 推薦狀中ニ投票ノ諾否其ノ他回答ヲ求ムル旨ノ記載ヲ爲スコトハ法ノ認メサルトコロトス
五 問 選擧運動者ニ非サル者カ「推薦廣告」又ハ「候補者某ヲ推薦ス」ト題シ其ノ候補者ヲ推薦スル旨ノ廣告ヲ新聞紙上ニ掲載シタル行爲ハ推薦狀ニ依ル運動ニシテ罪ト爲ラサルモノト認ムヘキヤ(靜岡檢事正問合)
答 第一項參照
六 問 選擧ニ關シ新聞紙ニ掲載スル候補者推薦廣告又ハ張札ハ法第九十六條ノ推薦狀ト認ムルヤ(内務省問合)
答 張札ハ推薦狀ト認メサルモ新聞紙ニ依ル推薦廣告ハ之レヲ推薦狀ト解ス
七 問 新聞紙ノ推薦廣告ハ推薦狀ト認ムヘキヤ(旭川檢事正問合)
答 第一項參照
八 問 本條ノ演說及推薦狀ノ推薦狀トハ新聞廣告ニ依ル推薦ヲ包含スルヤ否(廣島檢事正問合)

答　第一項參照

九　問　推薦狀ノ內容ニ關係アル主トシテ政見ヲ知ラシムルコトヲ目的トシタル印刷物又ハ議員候補者ヲ推賞スル意味ノ記載アル新聞紙雜誌等ヲ同封シテ添附スルモ推薦狀ノ性質ヲ失ハシムルモノニ非ス但シ右添附ニシテ財產上ノ利益供與ト認メラルルモノハ第百十二條又ハ第百十三條ノ適用アルモノトス（內務省問合）

一〇　問　某候補者ヲ推薦スル旨ノ立札ヲ爲シタルモノハ推薦狀ニ依ル選擧運動ト認ムヘキヤ（旭川檢事正問合）

答　消極ニ解ス

一一　問　所謂演說ハ一定ノ場所ニ集合セル多數人ニ對シ直接口頭ヲ以テ政見其ノ他ノ事項ニ付演述スルヲ通常トスルモ直接口頭ヲ以テスルニ代フルニ「ラヂオ」若ハ高聲電話ヲ利用シ又ハ蓄音機ニ依ル場合モ尙演說タルヲ失ハサルモノトス（內務省問合）

一二　問　所謂第三者ハ演說又ハ推薦狀ニ依ル選擧運動ヲ爲スニ付單ニ一時的ニ他人ノ勞力ヲ使用スルヲ妨ケス若シ繼續的ニ右ノ勞力ヲ使用シタルトキハ第三者ハ第八十九條ノ違反ト爲リ勞力ヲ提供シタル者ハ第九十六條ノ違反ト爲ルモノトス（內務省問合）

一三　問　選擧委員、選擧事務員以外ニ演說若ハ推薦狀ニ依ル選擧運動ノ爲ニ又ハ單ニ演說若ハ推薦狀ニ關シ世話スル爲ニ人ヲ雇ヒ得ルカ（民政黨問合）

答　前項參照

一四　問　第三者ハ選擧事務長ニ通セスシテ演說又ハ推薦狀ニ依ル運動ノ爲事務所ヲ設クルコトヲ

得ヘキヤ（名古屋檢事長問合）

右事務所ハ法第九十條第九十一條ノ制限ニ依ルヘキモノナリヤ（同）

答　第一段消極ニ解ス

一六　問　本條ノ規定ノ推薦狀ニ依ル運動ハ單ニ信書トシテ相手方ニ交付セシムル行爲ノミニ限ルヤ別言スレハ自動車又ハ飛行機等ヨリ推薦廣告ヲ揭載セル新聞紙、雜誌、引札、ビラ等ヲ撒布スルカ如キハ推薦狀ニ依ル運動ナリト云フヲ得サルヤ（名古屋檢事長問合）

答　推薦狀ノ意義ニ付テハ第一項參照而シテ自動車等ヨリ是等文書ヲ撒布スルハ選擧人ニ個々的ニ到達セシムル配布ノ方法ニ非サルカ故ニ推薦狀ニ依ル選擧運動ニ非ス尙選擧運動ノ爲ニスル文書圖畫ヲ飛行機ニ依リ頒布スルハ大正十五年二月三日內務省令第五號第六條ノ規定ニ違反スルモノトス

一七　問　演說又ハ推薦狀ニ依ル選擧運動トハ演說ヲ爲シ又ハ推薦狀ヲ發送スル行爲夫レ自體ノミヲ謂フモノニ非スシテ例ヘハ演說ヲ依賴シ若ハ演說會場ノ借入レ其ノ他會場ノ準備ヲ爲スカ如キ又ハ推薦狀ノ文案ノ作成若ハ印刷ヲ依賴スルカ如キ行爲ハ之ヲ包含セシムルコトヲ得ルモノトス（內務省問合）

一八　問　（一）推薦狀ニ署名ヲ依賴スル行爲ハ口頭ト書面トヲ問ハス推薦狀ニ依ル選擧運動ニ包含セラルルモノト思フ如何（二）右ノ依賴ヲ相談會其ノ他集會ノ席上ニ於テ爲ストキハ如何（三）右依賴ノ爲ニ戶別訪問ヲ爲シ又ハ個々ノ選擧人ニ面接シ若ハ電話ニ依ル方法ヲ取ルトキハ第九十八條ニ違反スルヤ（民政黨問合）

答　（一）推薦狀ニ署名ヲ依賴スル行爲ハ推薦狀ニ依ル選擧運動ニ包含セラレス

（二）何レノ場合ニ於テ之ヲ爲スヲ問ハス尙選擧委員、選擧事務員カ集會ノ席上ニ於テ右依賴ヲ個別

的ニ爲スハ第九十八條第二項ノ違反ト爲ル

(三)第九十八條違反ト爲ル

九　問　或ル議員候補者カ自己ノ生立チヨリ今日ニ至ル迄ニ於ケル經路ヲ活動寫眞「フヰルム」ト爲シ自己ニ配屬スル運動員ヲシテ之ヲ映寫セシメ一般人(有權者ヲモ含ム)ニ無料ニテ觀覽セシメ人氣ヲ集ムル方法ニ供セムトスル者アリトセハ之レ卽チ投票ヲ得ル目的ニ外ナラスシテ選擧運動タルコトハ勿論ナルヘキモ如此ハ文書或ハ圖畫トシテ取締ルモノナルヤ又活動寫眞撮影ト同時ニ政見等ヲ交ヘタル說明ヲ加ヘタル場合ハ演說會トナルモノナリヤ

答　前段文書圖畫ニ非ス、後段演說會ト認ム(內務省)

一〇　問　候補者タラムトスル者カ立候補屆出前ニ於テ自ラ演說ニ依ル選擧運動ヲ爲シ又ハ自己推薦ノ推薦狀ヲ出ス行爲ハ孰レモ法第九十六條但書ニ所謂演說又ハ推薦狀ニ依ル選擧運動ニ包含セラルヘキモノト解ス如何(內務省問合)

答、貴見ノ通

【判例】

一　推薦狀ニ依ル選擧運動ト推薦狀ノ名義人タルコトノ依賴

衆議院議員選擧法第九十六條但書ニ所謂推薦狀ニ依ル選擧運動トハ推薦狀ヲ選擧人ニ發送シテ投票ノ決意ヲ促シ以テ議員候補者ノ當選ヲ得シメントスル選擧運動ノ一方法ヲ謂ヒ數人共同ニテ推薦狀ヲ發送スルコトハ固ヨリ法ノ禁スルトコロニ非サレトモ議員候補者ノ爲投票ヲ得シムル目的ヲ以テ選擧人ニ對シ推薦狀ノ名義人タルヘキコトヲ依賴スル場合ハ之ト異ナリ單ニ推薦狀ノ宛名人ヲシテ特定ノ議員候補者ノ爲ニ投票ヲ爲サシメントスルニ止マラスシテ推薦狀ノ名義人タルヘキ依賴ヲ受

ケタル選擧人ヲシテ該候補者ノ爲ニ投票ヲ爲サシメントスル目的ヲ有スルモノナルカ故ニ斯ル行爲ヲ目シテ推薦狀ニ依ル選擧運動ト爲スヲ得サルコト明白ナリ（昭和三年(れ)第七七號同年三、五、大審院判決）

二　新聞號外ト推薦狀

府縣制第四十條ニ依リ準用セラルヘキ衆議院議員選擧法第九十六條ニ所謂推薦狀トハ特定又ハ不特定ノ選擧人ニ對シ特定人ヲ議員候補者トシテ推薦スル趣旨ヲ記載シタル文書ニシテ特定又ハ不特定ノ選擧人ニ對シ個別的ニ到達セシメ其ノ受ケタル者ニ於テ推薦者ノ何人タルヤヲ知ルコトヲ得ヘキモノヲ指稱スルモノトス所論判示新聞號外ニ掲載スル所ハ（中略）毫モ被告等カ特定又ハ不特定ノ選擧人ニ對シ判示Ｙヲ兵庫縣會議員候補者トシテ推薦スルノ趣旨ノ認ムヘキモノナキヲ以テ同號外ハ前示法條ニ所謂推薦狀ニ該當スヘキモノニ非ス（昭和三年(れ)第一七九號同年三、一六、大審院判決）

三　立札看板ノ類ト推薦狀ニ依ル選擧運動

立札看板張札ノ類ニ特定人ヲ議員候補者トシテ推薦スル旨ヲ記載シタルモノノ如キハ假令之ニ推薦者ノ住所氏名ヲ掲ケ且其ノ選擧人ニ對シテ推薦スル趣旨ナルコトハ自ラ了解シ得ラルルトスルモ其ノ文書ハ同條但書ノ推薦狀ニ非ス（昭和三年(れ)第三一號同年三、二七、大審院判決）

四　新聞紙號外ノ配布ト選擧運動

右新聞號外ニ「立候補ニ就テ中山國道君談」ト題シ「當選後ハ誠意ヲ傾注シテ縣治ニ盡瘁シ厚志ニ酬ユヘキ積リナルカ土浦町ハ未成品ニシテ施設ヲ要スルモノ多々アリ商工業學校ノ設置ノ如キ地下道問題ノ如キ皆然リ町内選擧人ハ此ノ意ヲ諒トシ自己ニ投票セラレタシ」トノ趣旨ノ記事ヲ執筆掲載シ廣ク之ヲ同地ノ選擧人ニ頒布シ以テ同候補者ノ爲メニスル選擧運動ニ利用シ選擧人ヲ誘導シタル

ニ外ナラサレハ該新聞ノ記載事項ヲ目シテ衆議院議員選擧法ニ所謂推薦狀ナリト謂フヲ得ス（昭和二年（れ）第一八七六號同三年四、四、大審院判決）

五　推薦狀ニ加名ヲ勸誘スル行爲ト選擧運動

或人ヲ議員候補者トシテ推薦スルニ際リ單ニ推薦者トシテ推薦狀ニ加名センコトヲ勸誘スルハ法ノ禁スル所ニ非スト解スルヲ正當トス蓋シ推薦狀ニ依ル選擧運動ヲ爲スニハ推薦狀ノ作成ヲ要スルハ勿論多數ノ者同時ニ推薦者トナリ共ニ推薦狀ニ依ル運動ニ從事スルモ亦法ノ認容スル所ト謂フヘシ（昭和三年（れ）第三四九號同年四、二〇、大審院判決）

六　選擧に關與し得ない人の資格制限

選擧法は選擧運動を爲し得る者を議員候補者の外に選擧事務長、選擧委員等の法定運動者と爲し、第三者は演說又は推薦狀に依る運動以外に選擧運動を爲すことを得ない旨を規定して居るが、選擧法第九十九條第二項の規定によると、選擧事務に關係ある官吏及吏員は、其の關係區域內に於て選擧運動を爲すことを得ないことになつて居る。蓋し選擧事務に關係ある官吏、吏員が其の關係區域內に於て選擧運動を爲すことは種々の弊害を生ずるが故に、選擧事務に關係ある官吏、吏員が其の地位に伴ふ勢力を利用し、選擧の公正を害する行爲を爲さしめざる趣旨に出づるものである。之に反し同法第九十六條は法が選擧運動を爲す者の數を限定したる結果、

其の以外の者の演說又は推薦狀に依らざる選擧運動を禁止するの趣旨に出たものである（昭和七年（れ）第一六〇九號大審院判決）

法第九十九條第二項　選擧事務ニ關係アル官吏及吏員ハ其ノ關係區域內ニ於ケル選擧運動ヲ爲スコトヲ得ス

（一）　官吏及吏員の運動の制限は其の關係區域內に限る

此等官吏及吏員の選擧運動は、其の方法、時期、場所の如何を問はず、自己の職務の關係區域內に於て絕對禁止されて居るのであるが、玆に關係區域とは其の執掌する選擧事務に直接關係ある地域を云ふのである。卽ち選擧事務は投票區、開票區、選擧區等に依つて分類せられて居るのであるから、其の分類せられたる選擧事務の執掌する地域を以て其の關係區域とするのである。從つて、內務省地方局長、警保局長等は全國何れの地に於ても選擧運動を爲すことは出來ないが、府縣知事、總務部長、地方課長、地方課の屬等は自己の關係府縣內に限り選擧運動を禁止されて居るに過ぎず、他府縣に於ては選擧運動を爲し得るのである。町村長等町村の吏員は其の町村に限り選擧運動を爲し得ないものと解さなければならぬ。從つて此等の者は關係區域外に於ては議員候補者、選擧事務長、選擧委員と爲ることは妨げないが、其の關係區域內に在りては演說又は推薦狀に依る選擧運動をも禁ぜらるるものとする（昭和七年（れ）第一六〇九號大審院判決）。

町村助役は選擧法に選擧事務の當局者として規定せられたものではないが、町村長の補助機關として之を代理すべき職責を有する關係上、特に具體的の場合に町村長から選擧事務に鞅掌すべきことを命ぜられずとするも、尙選擧事務に關係ある吏員と解すべきである。

（二）　選擧運動制限の範圍

選擧法第九十九條第二項に「關係區域に於ける選擧運動」とあるは官吏及吏員の選擧運動の效果が其の關係區域に及ぼす場合之を禁止する趣旨である。故に選擧に關係ある官吏、吏員が當該區域內に於て選擧運動を爲すは勿論、其の區域外に出て運動を爲す場合に於ても、其の運動の效果が自己の擔任區域內に及ぼす場合は禁止せらるゝのである。又其の行爲が直接選擧人に對するものであると、其の他の運動行爲であると否とを問はないのである。唯市町村長又は選擧に關係ある吏員が、議員候補者の推薦の協議に加はるの行爲は、立候補の推薦は何人も之を爲し得るものであるから、白紙を以て各人集合し、候補者を詮衡する協議に關與するだけの行爲であるならば、選擧事務に關係ある吏員と雖も之を爲し得ると解すべきである。

次に問題となるべき數點を擧げて見やう。

（イ）町村に於ける區長は其の關係區內に於ける選擧運動に關與し得ないことは勿論であるが其の區の範圍を超えて全町村に及ぼすべきものであるか、否かにつき問題があるが、此の場合其の選擧運動を爲し得ない範圍は其の區のみと解すべきである。

（ロ）町村長が其の町村に購讀者を有する新聞紙に、某候補者を推薦する旨の廣告を爲すは法第九十九條第二項に牴觸する。

（ハ）町村長が町村會議員の選擧運動には從事しないが、費用を出して個人をして運動せしむる行爲は、法第九十九條第二項に牴觸しない。又、單に候補者の爲めに選擧運動費の調達を周旋する行爲も、同樣本條の罪とならない。

（ニ）選擧事務に關係ある吏員が法定の選擧運動者に非ざるに拘らず、關係區域內に於て選擧運動を爲したるときは衆議院議員選擧法第九十九條第二項及同法第九十六條に違反し、想像的競合犯を以て處斷すべきものとする（昭和七年（れ）第一六〇九號大審院判決）。

【質疑回答】

一　町村内ノ區長ハ第九十九條第二項ノ選擧事務關係吏員ト認ムルカ（民政黨問合）

答　司法省ハ大正十四年一月二十八日大審院民事部判決ノ趣旨ニ從フ

内務省說　町村制第六十八條ノ區長ハ單ニ選擧ノ準備事務タル名簿調製ノ事務ニ從事スルニ止マルト否トニ拘ラス苟モ法律命令又ハ職務規定等ノ定ムル所ニ依リ選擧ノ事務ニ從事スヘキモノ又ハ町村長ノ命ヲ承ケ實際事務ニ從事スルモノハ一切第九十九條第二項ニ所謂選擧事務ニ關係アル吏員トス

二　選擧事務長ハ選擧區全般ニ亘リテ選擧運動ヲ爲ス者ナレハ選擧區内特定ノ市區町村ノ選擧事務ニ關係アル官吏、吏員ハ其ノ選擧區内ニ於テハ總テ本條第二項ノ制限ヲ受ケ選擧事務長タルコトヲ得サルモノトス（内務省問合）

三　選擧委員（又ハ選擧事務員）ハ必スシモ選擧區全般ニ亘リテ選擧運動ヲ爲スモノニ非サルヲ以テ選擧區内特定ノ市町村ノ選擧事務ニ關係アル官吏、吏員ハ其ノ關係區域外ニ於ケル選擧運動ヲ爲ス場合ニ限リ其ノ選擧區内ニ於テ選擧委員又ハ選擧事務員タルコトヲ妨ケサルモノトス（内務省問合）

四　本條第二項ノ「其ノ關係區域内ニ於ケル選擧運動」トハ選擧運動ノ效果カ當該區域内ニ發生ヲ見ルヘキ總テノ運動行爲ヲ謂フモノニシテ其ノ行爲カ關係區域ノ内外ニ行ハレタルヲ問ハス從ツテ之ヲ以テ選擧運動ノ行ハルル場所ヲ限定スルノ意ニ解スヘキニ非ス（内務省問合）

五　選擧事務ニ關係アル官吏及吏員ハ其ノ關係區域内ニ於ケル選擧運動ハ演說又ハ推薦狀ニ依ルモノ

ト雖之ヲ爲シ得サルモノトス(内務省問合)

六　問　市町村長又ハ選擧事務ニ關係アル吏員ノ議員候補者推薦ノ協議ニ加ハル行爲ハ本條第二項ニ違反セサルヤ(名古屋檢事長問合)

答　立候補ノ推薦ハ何人モ爲シ得ルモノナルカ故ニ白紙ヲ以テ各人集合シ候補者ヲ詮衡スルノ協議ニ關與スルニ止マル行爲ハ選擧事務ニ關係アル吏員ト雖爲シ得ヘキモノトス

七　問　本條第二項ノ「其ノ關係區域內」トハ官吏、吏員ノ在職地域內(特ニ選擧事務執行上區域ノ分割、合併ナキ限リ)ト解スヘキヤ(福岡檢事正問合)

答　第四項參照

八　問　市制第三十九條ノ二ノ市ノ市會議員選擧ニ付他ノ市ノ市會議員選擧有權者ハ選擧事務長、選擧委員及選擧事務員ト爲ルコトヲ得サルヤ

答　市制第三十九條ノ二ノ市ノ市會議員ノ選擧ニ付選擧事務長、選擧委員又ハ選擧事務員タルニハ其ノ市ノ市會議員ノ選擧權ヲ有スル者ナラサルヘカラス(内務省)

九　問　市會議員選擧人名簿作製ニ當リ市制第八十二條ノ區長カ市長ノ指揮ニ依リ各戶ニ就キ有權者ノ下調ヲ爲シ市ハ之ヲ參考トシテ選擧人名簿ヲ作製セリ右區長ハ改正選擧法第九十九條第二項ニ依リ選擧事務ニ關係アル吏員トシテ選擧運動ヲ爲スコトヲ得サルヤ　(大正十五年九月二十五日愛媛縣照會)

答　選擧事務ニ關係アル吏員ト認ム(内務省)

一〇　問　內務大臣ナル肩書ヲ附シテ署名シタル推薦狀ヲ送付スルコトハ法第九十九條第二項ノ違反罪ヲ構成スルヤ(内務省合議)

答　内務大臣ハ選擧法ニ所謂選擧事務ニ關係アル官吏ト解スヘキモノニ非サルヲ以テ違法ニ非ス

一　問　甲候補者カ同選擧區内ノ乙村内某寺院ニ於テ政見發表ノ演說會ヲ開催シタル際右乙村長丙ハ甲候補者ヲ演壇ニ誘ヒ行キ聽衆ニ向ヒテ「甲候補者ヲ御紹介致シマス」ト唱ヘ降壇シタル行爲ハ衆議院議員選擧法第九十九條第二項ノ犯罪ヲ構成スルモノト解シ可然哉

答　積極ニ解スヘキモノト思料ス

二　問　村ノ助役カ其ノ村ニ於ケル某候補者ノ演說會ニ臨ミ演壇ニテ辯士ヲ紹介シタル行爲ハ法第九十九條第二項ノ違反ト認ムヘキヤ（内務省合議）

答　積極ニ解スヘキモノト思料ス

【判例】

衆議院議員選擧法第九十九條第二項ニ所謂選擧事務ニ關係アル官吏及吏員ハ現ニ選擧事務ニ從事スル者ハ勿論其ノ事務ニ從事シ得ル權限ヲ有シ必要ニ應シ其ノ事務ニ從事シ得ヘキ官吏及吏員ヲ指稱スヘキコトハ當院判例（昭和四年（れ）第一三六〇號同年十二月十九日宣告）ノ示ス所ナリ而シテ町村長ハ府縣制第十四條ニ依リ府縣會議員ノ選擧ニ付投票管理者トナリ投票ニ關スル事務ヲ擔任シ町村助役ハ町村制第七十九條ニ依リ町村長ノ事務ヲ補助シ町村長故障アルトキハ之ヲ代理スヘキ權限ヲ有スルヲ以テ町村助役ハ府縣會議員選擧事務ニ關係アル吏員ナリ（昭和七年（れ）第七五九號同年一〇、二九、大審院判決）

第二款　物に關する規定

一　選擧事務所

選擧事務所は選擧運動の中樞である。即ち或候補者の當選を目的とする運動の本據であり、參謀本部である。選擧事務所に關しては、大正十四年普通選擧法の施行に際し始めて規定を設けたもので、その以前は何等の制限がなかつた。選擧事務所に關する規定のなかつた當時は各候補者とも徒らに事務所の數を多く設けて氣勢を張り又は投票所の入口に各候補者が競つて事務所を設け、候補者自ら多數の運動員を引率して、其の事務所の前に立つて其の前を通る有權者に叩頭をするとか、或は脅威するとか種々の惡弊があつたので、斷然此の弊を矯めることゝしたのである。又、選擧事務所設置の制限は、一面運動費の膨脹をも防止せんとする趣旨である。

選擧事務所に關しては法は左の制限を設けてゐる。

（一）　選擧事務所設置者

選擧事務所を設置し得るものは選擧事務長に限る（法第八九條第一項）。選擧事務長以外の者は、候補者と雖も選擧事務所を設置することは出來ない。選擧事務所を設置したるときは、選擧法第八十八條第五項により選擧事務長の選任屆を爲したると同一の警察署に其旨屆出を爲さなければならぬ（法第八九條第四項）。その屆出責任者は選擧事務長たること勿論である。

法第八十九條第一項　選擧事務長ニ非サレハ選擧事務所ヲ設置シ又ハ選擧委員若ハ選擧運動ノ爲使用スル勞務者ヲ選任スルコトヲ得ス

同條四項　選擧事務長選擧事務所ヲ設置シ又ハ選擧委員ヲ選任シタルトキハ直ニ其ノ旨ヲ前條第五項ノ屆出アリタル警察官署ニ屆出ツヘシ

同條五項　選擧事務所又ハ選擧委員ニ異動アリタルトキ亦同シ

（二）　選擧事務所の數に關する制限

選擧事務所は議員候補者一人に付一箇所に限る（法第九〇條）。大正十四年の普選法は、選擧事務所を議員候補者一人に付七箇所まで認めたのであつたが、昭和九年の改正で之を一箇所に限定した。之は選擧費用の減少と選擧運動の統制といふ建前から改正を行つたのである。蓋し選擧事務所とは、選擧運動を指揮命令する主腦部の存在する所、卽ち選擧運動の場所的中心であるからである。此の改正に依つて從來の選擧事務所七箇所を一擧に一箇所に限定して、選擧事務に支障を來すことがないかとの疑問が起り、衆議院に於ては、實際の經驗から政府案の「一箇所」を「三箇所」に修正した。それを貴族院に於て折衷的に「原則として一ケ所、特別の事由あるときは三箇所」まで增設し得ることゝしたのである。之が現行法である。第九十條は但書に於て「但シ命令ノ定ムル所ニ依リ三箇所迄之ヲ設置スルコトヲ得」として幾分之を緩和して居る。而して選擧法施行令第五十七條ノ二は「交通至難ノ情況アル選擧區ニ於テハ衆議院議員選擧法第九十條但書ノ規定ニ依リ選擧事務所ヲ三箇所迄設置スルコトヲ得」と規定し、その選擧區、選擧事務所の數及選擧事務所を設置し得べき區域は、內務大臣が別に之を定むることゝなつて居る（選擧法施行令第五七條ノ二第二項）。

法第九十條　選擧事務所ハ議員候補者一人ニ付一箇所ニ限ル但シ命令ノ定ムル所ニ依リ三箇所迄之ヲ設置スルコトヲ得

施行令第五十七條ノ二　交通至難ノ情況アル選擧區ニ於テハ衆議院議員選擧法第九十條但書ノ規定ニ依リ選擧事務所ヲ三箇所迄設置スルコトヲ得

實際問題として選擧事務所七箇所を一箇所にして、選擧事務に支障が起らないかといふに、一方に選擧委員の數は二十名までといふことになつてゐるから、實際地方に於ては各郡に二人か三人位の選擧委員は出來る。而して運動の方法は演說會と文書とである。文書の方は選擧本部で出すのであるから、別に文書を作製するが爲めにまで他に人が集まる必要がない。演說會の方は各所で開くから、先づ選擧委員がビラでも配る者を雇つて演說會の準備を爲すのであるが、之等の相談をする爲に一時三四人集まるだけのことでは、休憩所でもなく、無論選擧事務所でもない。之等の點から考へて法は選擧事務所一箇所で充分事足りると認めたのである。

（三）　選擧事務所設置の場所に關する制限

選擧事務所は選擧の當日に限り、投票所を設けた場所の入口より三町以內の區域に於て之を置くことを得ない（法第九一條）。

法第九十一條　選擧事務所ハ選擧ノ當日ニ限リ投票所ヲ設ケタル場所ノ入口ヨリ三町以內ノ區域ニ之ヲ置クコトヲ得ス

選擧法が本條を設けた理由は、從來選擧の當日投票所の入口附近一帶に候補者は爭つて選擧事務所又は休憩所の名を以て、種々の設備を爲し、候補者自身は勿論のこと、運動者と稱して多數の壯士を狩り集め、又は妻君や娘を盛裝させてその前に立たせ、氣勢を張り、その前を通る有權者に叩頭して投票を哀願するが如き惡弊があり、有權者も甚だ迷惑し、投票所附近が非常に混雜し、叩頭された有權者も、それが知人であるとかする場合には、勢ひ立寄つて依賴を受けるといふやうな嫌があり、選擧の公正を害すること甚だしきものがあつたので、斷然之を禁止し、休憩所の設置は勿論、選擧事務所と雖も投票當日は、投票所の入口より三町以内の場所に之を置くことを禁止したのである。

左の諸點に注意を要する。

(1) 選擧事務所を設くることが出來ないのは投票の當日に限る。

故に例へば、役場が投票所であると假定するに、投票當日は役場の前に選擧事務所を設けることは出來ないが、その前日までは設けても差支ないのである。前日中に撤去すればよいわけである。

(2) 投票所を設けたる場所の入口より三町以内の場所に設置することを許されない。

例へば學校に投票所を設けたと假定するに、投票凾のあるのは多くの場合、學校の一室を以て之に充てる。此の場合、三町以内といふのは、其の投票凾のある室の入口から測定するのではない。學校の門から測定して三町以内は禁止されるのである。若し學校に裏門、側門等入口が多數ある場合には、各の門から測定して三町以内はいけないと解釋しなければならぬ。

建物敷地は起算點とならない。例へば、學校の敷地が非常に廣くて敷地内に門があり、學校敷地の境界線と門のある場所とが一致しない場合の如きは、敷地の境界線から測定するのではなくして、門から測定するのである。

投票所を設けた場所の入口とは、門がある場合は門を云ひ、門のない建物に付ては玄關を云ふと解すべきであるが、入口が二間若くは三間ある場合、その三間の幅の何處から測定すべきかゞ問題となるが、門柱又は玄關の柱の各双方から測定すべきものと解する。その何れの柱より測定しても三町以内となる場所には、選擧事務所を設置することは出來ない。

三町とは直徑に依るべきものである。故に道路に迂回する場合があつても、其の迂回する道路の長さに依つて測定すべきではない。表門、裏門、側門等多數の入口がある場合には、その各入口から半徑三町の圓を畫き、其圓内には選擧事務所を設置することが出來ぬと解すべきである。

【質疑回答】

一　問　選擧事務所ハ選擧區外ニ之ヲ設ケ得ルカ（民政黨問合）

答　法ノ定ムル數及屆出等ニ關スル事項ヲ遵守スルニ於テハ其ノ府縣內ニ限リ選擧區外ニ之ヲ設クルモ差支ナシ

二　問　政黨本部又ハ支部ニ於テ選擧ニ關スル作戰其ノ他選擧運動ヲ爲ストキハ之ヲ選擧事務所ト看做スカ若シ然リトセハ其ノ經費ヲ如何ナル程度ニ於テ其ノ政黨ニ對スル各候補者ノ選擧費ト計算スルカ(民政黨問合)

答　政黨本部又ハ支部ニ於テ選擧ニ關スル作戰其ノ他ノ行爲ヲ爲スモ特定ノ議員候補者又ハ議員候補者タラムトスル者ノ爲メニスルモノニ非サル限リ選擧事務所ト看做スコトナシ特定議員候補者ノ爲メニスル選擧運動ニ付テハ其ノ候補者ノ爲メニ要シタル選擧運動ノ費用中該候補者ト意見ヲ通シテ支出シタル部分ハ該候補者ノ選擧運動ノ費用トシテ加算ス

三　問　「三町以內」トハ直線三町以內ナリヤ道路ノ距離ヲ云フヤ(松山檢事正問合)

答　貴見前段ノ通リ

〔判例〕

本條ニ所謂選擧事務所ノ意義

衆議院議員選擧法第八十九條第一項ニ所謂選擧事務所トハ選擧運動ニ關スル一切ノ場所的設備ノ謂ナリト解スヘキモノトス(昭和七年(れ)第一三八三號同年一二、二一、大審院判決)

三　休憩所

休憩所は選擧事務所とは異つて、單に選擧運動者なり投票者なりを休憩せしめ、御茶位を出す設備を云ふのである。從來の選擧に於ては何等禁止しなかつた爲めに、前述の如く、投票の當日、投票所の入口に選擧事務所とも休憩所ともつかぬ設備を爲して、投票者を投票前に休憩せしめ、投票を强要するが如き惡弊を見たので、大正十四年の普選法實施に際して、斷然休憩所及び之に類似する設備の禁止を命じたのである。（法第九二條）。此處に「之に類似する設備」といふ文字を入れたのは、休憩所と云へば其の範圍が頗る不明確である。單に天幕を張つて其の內に椅子五六脚を用意したるが如き場合、更により以上簡單に椅子數脚のみを用意したるが如き場合之を休憩所と云ひ得るかに付き疑があるので、之等の疑問を避くる爲めに、法律は單に「休憩所」と云はずして「休憩所其の他之に類似する設備」と規定したのである。

次に休憩所に似て非なるものがある。例へば、選擧事務所に於て働いて居る人々が一時休憩するが如き場所である。斯の如き目的の爲めに選擧事務所の一室を休憩所に充てるが如き、又選擧演說會に於ける辯士の控室の如き如何といふ問題である。此等をも設けてはならぬとするは酷に失する。故に此等の休憩室又は控室は本條の適用を受けぬものと解する。

法第九十二條　休憩所其ノ他之ニ類似スル設備ハ選擧運動ノ爲之ヲ設クルコトヲ得ス

【質疑回答】

一 演說會場ニ於ケル辯士ノ控所又ハ選擧事務所ノ一部ニ設ケタル選擧運動者ノ爲ニスル休息ノ場所ノ如キハ通常ノ場合其ノ演說會場又ハ選擧事務所ナル觀念ニ包含セシメテ觀察スヘク之ヲ別個ニ觀察シ所謂休憩所又ハ休憩所ニ類似スル設備トシテ本條ヲ適用スヘキモノニ非ス（內務省問合）

二 問 投票ノ當日區長其ノ他カ使ヲ以テ選擧人ヲ會議所若ハ區長住宅等ニ集合セシメ投票所ヘ行カシムル行爲ハ如何

答 選擧運動ノ爲ト認メラルル場合ニ於テハ本條ニ所謂休憩所ヲ設ケタルモノトシテ取締ルヘキモノトス（內務省）

三 文書圖畫

（一） 文書圖畫の意義

大正十四年普選法の實施後、戶別訪問が禁止せられて以來、選擧戰は言論戰と文書戰とに限定せられ、文書に依り自己の政見主張を發表することは、演說と等しく最も重要なる選擧運動の一となつたのである。故に選擧法は選擧運動の爲の言論戰及文書戰に對しては、大に便宜を圖ると共に其の自由を確保せむことを期したのである。

然し乍ら、一面文書圖畫の公衆に與へる影響は頗る大なるものがあるので、選擧法は、選擧運動の爲にする文書圖畫に對しては、出版法、新聞紙法其他の一般的制限の外に法律上特別なる制限を附したのである。卽ち、その頒布、揭示等の方法回數に付て公益上特種の制限を附し以て選擧界の攪亂の虞を無からしめんことを期したのである。

選擧運動の爲にする文書圖畫の制限は、選擧の公正を保持することが主要なる目的であることは上述の通りであるが、更に一面に於て、其の制限の結果、間接に選擧運動費用の制限の目的が達せらるゝのである。

「選擧運動の爲にする文書圖畫」の意義に就いては法文に照して特に考へなければならぬ。出版法に於て「文書圖畫」と云へば機械舍密其他の方法を以て印刷したものを云ふのであるが選擧運動の爲にする文書圖畫は必ずしも印刷物であることを要せない。專ら選擧運動の爲頒布し又は揭示する文書圖畫といふ意味であつて、玆に文書とは發音的符號を以てした或意味の記載である。故に書籍、新聞、雜誌、パンフレツト、リーフレツト、ビラ等は勿論のこと立札、看板の類まで入るのである。

圖畫とは文書と異り、象形的方法を以てした或意味の記載である。卽ち紙其の他の物體の上に記載したものたる點に於て文書と同樣であるが、發音的符號でない點に於て異つて居る。

(二) 文書圖畫の頒布

文書圖畫の頒布に關しては、衆議院議員選擧法は第九十八條ノ二を新設して大なる制限を設けた。即ち同條は、何人と雖も第百四十條第四項の文書（地方長官の發行する選擧公報）を發行する區域に關しては、演說會告知の爲にする文書、及第三者の推薦狀と、一人一回限り無料郵便物を送付することが出來る外、選擧運動の爲文書圖畫を頒布することは出來ぬことゝした。然し乍ら、府縣會の選擧に關しては、無料郵便に關する規定及選擧公報に關する規定の適用がないから、本條の制限は受けないことゝなるのである。唯、內務省令衆議院議員選擧運動等取締規則中の文書圖畫に關する規定の準用を受くることゝなる。規定の內容左の如くである。

(1) 選擧運動の爲文書圖畫を頒布し、又は貼付し若は揭示する者は表面に其の氏名及住居を記載しなければならぬ。但し信書、名刺及選擧事務所に貼布し又は揭示するものに付ては此の限りでない（規則第四條）。

本條は選擧運動の爲めに文書圖畫を頒布する者に對し、其の責任を明にせしむるが爲めに、頒布者や掲示者の住居、氏名を記載せしむることゝしたのである。故に名刺や選擧事務所に掲示するものゝ如き、何人が掲示したものであることが直に判明し得るものに對しては、本條の規定の適用を除外したのである、本條に「住所」とせずして「住居」としたのは、必ずしも生活の本據たる住所に限らず、人の居住し得る有形的設備、即ち一般の社會通念から云つて、人が住ふのに適當した場所を云ふのである。

本條の要求するところは、選擧運動の爲め頒布する文書圖畫の表面に、頒布者又は掲示者の住居、氏名を記載せよといふのである。その個人である場合には問題はないが、團體である場合如何といふに、此の場合には團體の名の外に事務所の所在地の記載があるとしても、自然人たる代表者の住居、氏名がなければ本條違反となる。何となれば本條の趣旨は頒布者又は掲示者の責任を明にせんが爲めに設けられたものであるからである。

尚本條に文書、圖畫とは非常に廣い意義に於て云ふのであるから、選擧運動の爲にする引札、張札は勿論のこと、立札、看板の類を包含するのである。

イ、新聞紙に候補者某を推薦するとの廣告を掲載した場合に於ては、其の住居氏名を記載するを要する。

ロ、立札、看板又は張札に依る選擧運動に於て各種團體名を利用大書し、責任者の氏名、住居は之を小さく記載したものは掲示者以外の各種團體又は個人が其の立札、看板等に依り意思表示を爲した如く見受けらるゝものは違反となる。

ハ、推薦狀に推薦者中の一人の住所氏名を記し、外何名有志と書し頒布するは差支ない。

ニ、選擧運動の爲にする文書を封筒に入れて發送するときは、封筒に住居氏名を書けば中の文書には之を省くも罪とならぬ。

(2) 文書圖畫の頒布、貼付又は掲示に關する制限（規則第五條）。

イ、郵便に依るの外頒布することは出來ぬ。但し演説會告知の爲にする引札及新聞紙の廣告は此の限りではない。

ロ、立札、看板の類を除くの外貼付し又は掲示することを得ない。但し演説會告知の爲使用する張札及演説會の爲演説會場內に於て使用する張札は差支ない。

ハ、演說會告知の爲使用する文書と雖も、選擧の當日に限り、投票所を設けた場所の入口より三百二十七米（約三町）以內の區域に於て、之を頒布し又は貼付し若は掲示することは出來ない。但し演說會告知の爲新聞紙の廣告に依り又は引札を郵便に依り頒布する場合は差支ない。

投票所附近に、投票の前日迄掲示した文書は、其の法定の距離以內にあるものは當日には之を撤去しなければならぬ。

ニ、演說會告知の爲使用する文書と雖も、航空機（人の塔乘し得ざる氣球の類を含む）に依り之を頒布し又は掲示することを得ない。

ホ、承諾を得ずして他人の土地又は工作物に貼付し又は掲示することを得ない。

(3)　演說會告知の爲使用する文書は、二度刷は二色以下とし、引札に在つては長さ三十一糎（約一尺）幅二十二糎（約七寸）、張札に在つては長さ九十四糎（約三尺一寸）幅六十四糎（約二尺一寸）を超ゆることを得ない（規則第六條）。

イ、二度刷とは印刷の技術上より云ふのであつて、二色を使用して三色を現はすは差支ない。例へば赤色と青色との二度刷で、或部分だけが兩方の色の喰合はせになると其處だけが紫色に出て來る。從て結局三色を現出することになるが、之は差支ない。

ロ、二色以下といふのは、二種以下のインキを使用するといふ意味である。故に用紙固有の地色を含まない。但し茲に用紙固有の色は、通常の製法上固有の色なりと解すべきものである。

ハ、ポスターの吊紐に二色以上のテープを用ゐて裝飾する場合。此の場合ポスターの彩色を補足し一體として認めらるゝものは違反である。其の他は差支ない。

ニ、ポスターに、表面二色、裏面二色に印刷する場合がある。此場合には表面裏面各獨立して全く別個の表示を爲すものであつても、兩面を同時に利用する限り、兩面を通じて二度又は二色を超ゆることを得ない。

選擧運動の爲使用する名刺の用紙は白色のものに限る（規則第六條）。

(4) 演説會告知の爲使用する文書には、演説會の日時、場所、出演者及演題並に議員候補者及其の黨派別の外記載することは出來ない（規則第七條）。

(5)　演說會告知の爲使用する張札の數は演說會一箇所に付三十枚を超ゆることを得ない（規則第八條）。

(6)　選擧運動の爲使用する立札、看板の類は白色に黑色を用ひたるものに限り、且縱二米七十三糎（約九尺）橫六十一糎（約二尺）を超ゆることを得ない（規則第九條）。

(7)　選擧運動の爲使用する、立札、看板の類は議員候補者一人に付通じて四十五箇以內とし且選擧事務所を設けた場合の入口より百九米（約一町）以內の區域に於ては通じて二箇を超ゆることを得ない（規則第一一條）。

(8)　選擧運動の爲使用する立札、看板の類には法第八十八條第五項の屆出ありたる警察署、演說會告知の爲使用する張札には演說會場所在地所轄の警察署の檢印を受けなければならぬ（規則第一二條）。

法第九十八條ノ二　何人ト雖モ第百四十條第四項ノ文書ヲ發行スル區域ニ關シテハ演說會告知ノ爲ニスル文書及第九十六條第一項但書ノ規定ニ依ル推薦狀ヲ除クノ外選擧運動ノ爲文書圖畫ヲ頒布スルコトヲ得ズ但シ第百四十條第一項ノ規定ニ依リ通常郵便物ヲ差出ス場合ハ此ノ限ニ在ラズ

法第九十六條第一項　議員候補者、選擧事務長又ハ選擧委員ニ非ザレバ選擧運動ヲ爲スコトヲ得ズ但シ命令ノ定ムル所ニ依リ演說又ハ推薦狀ニ依ル選擧運動ヲ爲スハ此ノ限ニ在ラズ

法第百四十條　議員候補者又ハ選擧事務長ハ勅令ノ定ムル所ニ依リ其ノ選擧區內ニ在ル選擧人ニ對シ選擧運動ノ爲ニスル通常郵便物ヲ選擧人一人ニ付一通ヲ限リ無料ヲ以テ差出スコトヲ得

公立學校其ノ他勅令ヲ以テ定ムル營造物ノ設備ハ勅令ノ定ムル所ニ依リ演說ニ依ル選擧運動ノ爲其ノ使用ヲ許可スヘシ

前項ノ營造物ノ管理者ハ勅令ノ定ムル所ニ依リ演說會開催ノ爲ニ必要ナル施設ヲ爲スベシ

地方長官ハ勅令ノ定ムル所ニ依リ議員候補者ノ政見等ヲ掲載シタル文書ヲ發行スベシ

衆議院議員選擧運動等取締規則（第三章選擧運動ノ爲使用スル文書圖畫）

第四條　選擧運動ノ爲文書圖畫ヲ頒布シ又ハ貼付シ若ハ掲示スル者ハ表面ニ其ノ氏名及住居ヲ記載スベシ但シ信書、名刺及選擧事務所ニ貼付シ又ハ掲示スルモノニ付テハ此ノ限ニ在ラズ

第五條　選擧運動ノ爲使用スル文書圖畫ヲ頒布シ又ハ貼付シ若ハ掲示スル場合ニ於テハ左ノ各號ノ制限ニ從フベシ

一　郵便ニ依ルノ外頒布スルコトヲ得ズ但シ演說會告知ノ爲ニスル引札及新聞紙ノ廣告ハ此ノ限ニ在ラズ

二　立札、看板ノ類ヲ除クノ外貼付シ又ハ掲示スルコトヲ得ズ但シ演說會告知ノ爲使用スル張札及演說會ノ爲演說會場內ニ於テ使用スル張札ハ此ノ限ニ在ラズ

三　演說會告知ノ爲使用スル文書ト雖モ選擧ノ當日ニ限リ投票所ヲ設ケタル場所ノ入口ヨリ三百二十七米（約三町）以內ノ區域ニ於テ之ヲ頒布シ又ハ貼付シ若ハ掲示スルコトヲ得ズ但シ演說會告知ノ爲

新聞紙ノ廣告ニ依リ又ハ引札ヲ郵便ニ依リ頒布スル場合ハ此ノ限ニ在ラズ

四　演說會告知ノ爲使用スル文書ト雖モ航空機（人ノ搭乘シ得ザル氣球ノ類ヲ含ム）ニ依リ之ヲ頒布シ又ハ揭示スルコトヲ得ズ

五　承諾ヲ得ズシテ他人ノ土地又ハ工作物ニ貼付シ又ハ揭示スルコトヲ得ズ

第六條　演說會告知ノ爲使用スル文書ハ二度刷又ハ二色以下トシ引札ニ在リテハ長三十一糎（約一尺）幅二十二糎（約七寸）、張札ニ在リテハ長九十四糎（約三尺一寸）幅六十四糎（約二尺一寸）ヲ超ユルコトヲ得ズ

第七條　演說會告知ノ爲使用スル文書ニハ演說會ノ日時、場所、出演者及演題並ニ議員候補者及其ノ黨派別ノ外記載スルコトヲ得ズ

選擧運動ノ爲使用スル名刺ノ用紙ハ白色ノモノニ限ル

第八條　演說會告知ノ爲使用スル張札ノ數ハ演說會一箇所ニ付三十枚ヲ超ユルコトヲ得ズ

第九條　選擧運動ノ爲使用スル立札、看板ノ類ハ白色ニ黑色ヲ用ヒタルモノニ限リ且縱二米七十三糎（約九尺）橫六十一糎（約二尺）ヲ超ユルコトヲ得ズ

第十條　選擧運動ノ爲使用スル立札、看板ノ類ニハ議員候補者及其ノ黨派別ノ外記載スルコトヲ得ズ

第十一條　選擧運動ノ爲使用スル立札、看板ノ類ハ議員候補者一人ニ付通ジテ百五十箇以內トシ且選擧事務所ヲ設置シタル場所ノ入口ヨリ百九米（約一町）以內ノ區域ニ於テハ通ジテ二箇ヲ超ユルコトヲ得ズ

第十二條　選擧運動ノ爲使用スル立札、看板ノ類ニハ衆議院議員選擧法第八十八條第五項ノ屆出アリタ

ル警察署、演說會告知ノ爲使用スル張札ニハ演說會場所在地所轄ノ警察署ノ檢印ヲ受クベシ。

地方議會議員選擧運動等取締規則

北海道會、府縣會及市會(市制第六條ノ市ノ區ノ區會ヲ含ム)ノ議員ノ選擧ニ付テハ昭和九年內務省令第三十六條衆議院議員選擧運動等取締規則中第二章乃至第六章ノ規定ヲ、町村會竝ニ北海道一級町村及北海道二級町村ノ町村會ノ議員ノ選擧ニ付テハ同令中第三章、第四章及第十八條ノ規定ヲ準用ス但シ同令第十一條中百五十箇トアルハ左ノ各號ニ依ル

一　北海道會議員、府縣會議員及市會議員(又ハ區會議員)ノ選擧ニ付テハ四十五箇

二　町村會議員竝ニ北海道一級町村及北海道二級町村ノ町村會議員ノ選擧ニ付テハ十五箇

第三款　人の活動に關する規定

選擧法中人の活動に關する制限規定は、戶別訪問と連續して爲す個々の運動の禁止とである。

一　戶別訪問の禁止

(一)　戶別訪問禁止の理由

從來の選擧に於ては、所謂戶別訪問なるものは最も有力なる運動方法として何人も最も盛に實行し來つたところで、殆んど全部の候補者が、選擧運動の殆んど全部を戶別訪問に費した位であつた。然しながら、戶別訪問を放任して置くときは有權者は候補者の人物、識見又

は主義政策に依り、公正なる選擧を爲すことが出來ないで、情實に依つて選擧をしなければならぬようになり、又、戸別訪問が公然に行はれずして、隱密の間に行はれるときは、其間に投票買收などの不正行爲が行はるゝことになり、選擧の公正を害するの弊あるに鑑み、法は斷然之を禁止したのである。而して戸別訪問に代ふるに言論戰を以てせしめたのである。斯くして始めて有權者は、情實と買收から免れて、候補者の人物、識見並に其の主義政見を知ることが出來て、自由に自己の信ずる候補者に投票を爲すことが出來るのである。

又一面、候補者の側から見るも、從來の如く情實關係をたどり、買收等の不正行爲の競爭を爲すことなく、堂々自己の政見を發表し、正面より當落を爭ふことが出來て、明るい氣持を以て選擧に臨むことが出來るのである。依て以て我選擧界を廓淸せむとするものである。

戸別訪問の外に、連續して個々の選擧人に面接し、又は電話を以て選擧運動を爲すことを禁止した。亦同樣の理由である。

法第九十八條　何人ト雖投票ヲ得若ハ得シメ又ハ得シメサルノ目的ヲ以テ戸別訪問ヲ爲スコトヲ得ス

何人ト雖前項ノ目的ヲ以テ連續シテ個個ノ選擧人ニ對シ面接シ又ハ電話ニ依リ選擧運動ヲ爲スコトヲ

得ヌ

（二）戸別訪問の意義

戸別訪問とは連續して各戸を訪問する行爲である。連續して訪問することを要件とするものである。故に唯一戸のみを訪問するのは本條の罪とはならない。

然しながら連續して訪問する意思を以て一戸を訪問する行爲は、本條の罪となる。茲に連續してとは、必ずしも隣りから隣りへ連續して訪問することのみを意味するものではない。訪問すべき家が隔れて居つても、同樣に連續して訪問したと解さなければならぬ。又戸別訪問には必ずしも戸より戸へ間斷なく歷訪する場合のみに限らず、二人の選擧人宅を日時を異にして訪問する（昭和八年（れ）第一四三四號大審院判決）場合をも包含する。又投票を得るの目的を以て多數選擧人方を歷訪するに於ては、包括的に選擧罰則に所謂戸別訪問の罪を構成すべきものにして、此の場合選擧人方を訪問せる個々の行爲が連續せるからとて、連續犯を組成するものであると解すべきではない（昭和八年（れ）一二四五號大審院判決）。候補者が投票を得る目的を以て連續して選擧人甲方に到り同人に對し「之を賴む」と云ひて同人及同人の父にして選擧人たる乙に宛てた投票依賴の趣旨を記載せる立候補の挨拶狀二通を交付して、投票方を依賴し、同日選擧人丙方に到り同人に對し「之を」と云ひて同人に宛てたる右同樣の挨拶狀一通を交付して、投票を依賴したときは、右候補者の爲した甲丙に對する各訪問行爲は、法第九十八條第一項に所謂投票を得る目的を以て戸別訪問を爲したるものに該當する（昭和八年（れ）第一九六九號大審院判決）。

右の場合選擧人が候補者の依賴に應じて何等應答しなかつたとするも、右候補者の行爲は仍戸別訪問たることを妨げない（同上）。

普通に訪問と云へば、其の家を訪れることである。法第九十八條第一項の目的を以て有權者を訪問するに於ては既遂となり、必ずしも有權者に來意を通じ、若は面接するの要はない。必ずしも其處の主人に面會しなくとも、家族に面會した場合も同樣である。又主人にも家族にも面會せず、默つて其の家の玄關へ名刺を置いて來るのも訪問である。故に連續して之等の行爲を爲したるときは、本條に所謂戸別訪問となるのである。

次に本條の犯罪が成立するには、次の目的を以て訪問することが必要である。

（イ）候補者が投票を得ようとして訪問せること。

（ロ）運動者又は第三者が候補者の爲めに投票を得せしめようとして訪問せること。

（ハ）他人の爲めに投票を得せしめぬようにする爲めに訪問せること、即ち他人の得票を妨害しようとしたこと。

例へば戸別訪問を爲しても、以上三つの中のどれか一の目的を以てするのでなければ玆に云ふ戸別訪問とはならぬ。故に例へば

（a）選擧運動をして呉れと依賴する爲め又は立札、看板を立てさせて呉れと依賴する爲めに、訪問をするのは罪とはならぬ。然しながら、此場合、之等の事柄の依賴に名を藉つて投票の依賴を爲すは罪となること勿論である。

（b）議員候補者の推薦に際し、其の同意を求め、署名を得る目的を以て各戸を訪問するは違反行爲とはならないが、投票を得若しくは得せしむるの目的を以て爲すときは罪となる。大抵斯樣な場合には投票を得る目的を含んで居るのである。

（c）演說會其の他の集會に出席を依賴する爲めに訪問するは罪とならないが、之も右同様の目的を有するときは罪となる。

以上の說明に依つて、戶別訪問の意義は大體了解されたように思ふが、更に之を明にするために、二三の例を擧げて、それが本條の違反となるや否やを考へて見よう。

（三）戶別訪問に關する二三の疑義

（イ）議員候補者の名刺を、連續して引札配布の如く個々の選擧人に配布した場合名刺を置くことは通常訪問の意味を表はすものであるから、配布者は一應候補者の爲めに投票を得、又は得しむるの目的を以て戶別訪問を爲したるものと認めることが出來る。從つて、名刺を自動車、自轉車又は人夫に持たせて、之を街路に散布し、若は選擧人の宅の前に投げさせる行爲は、場合に依つては戶別訪問となる。

（ロ）名刺を推薦狀と同封し又は名刺のみを封筒に入れて、人夫の如き單純なる勞務者をして配布せしむるは差支へないが、其の人夫が投票を得ることについて家人と面談するとか又は封筒に入れずに裸の儘の名刺を持たせてやることは戶別訪問となる場合がある。

（ハ）工場、會社、官衙其他の事務所に行つて選擧人の机の上に候補者の名刺を殘して來る行爲は、戸別訪問となるか否かにつき問題があるが、事務所毎に又は事務室毎に之を爲すときは戸別訪問に該當する。

（ニ）深夜各戸を訪問して賭易き場所に議員候補者の名刺を配布するは、戸別訪問に該當する。

（ホ）解散の模樣があると云ふて戸別訪問の上、候補者に「投票することを承諾する」といふことを書面に書いて持つて廻り、之に調印を求める行爲は罪となる。

（ヘ）甲、乙、丙の三人が共謀して各別にA、B、Cなる者を訪問せる行爲は、之を各別に見るときは連續せる戸別訪問とは云へないが、三人の意思が共通してゐる點から見るときは本條の戸別訪問と解すべきである。

（ト）直接に選擧人を訪問しないで、其の親族、知人を訪問して投票を依頼する行爲は訪問を受けたる者が選擧人でない場合は、訪問者は第九十八條の違反とはならない。

二　連續して爲す個々の運動禁止

（一）個々の面接運動

戸別訪問の行爲と個々の面接運動とは孰れも其の性質を同うし、其の侵害する法益は選擧に關する自由公正なる公共的單一の利益にして、唯兩者は其の行爲の體様若は程度を異にするに過ぎない。連續して爲す個々の選擧人に對する面接運動とは、選擧人の住居に戸別訪問することなく其他の場所に於て面接する行爲を云ふのである（法第九八條第二項）。例へば演説會場、劇場又は往來に於て、直接選擧人に面接する行爲を云ふのである。個々の選擧人に面接することを要す。此場合も戸別訪問の場合と同樣、個々の選擧人に連續して面接することを要するのである。其の同時に同一場所で面接することを要しない。一人は街路に於て面接し、一人は集會場に於て面接するも連續せる個々の面接行爲である。卽ち演說會場の入口で、個々の選擧人に對し名刺を配布する行爲は勿論、投票當日、投票所の入口で候補者が、投票所に至る個々の投票者を擁して、之に對して默禮する行爲も、亦連續して爲す個々の面接行爲と解釋すべきである。以上の如く連續して「個々の選擧人に面接し」と云ふのは同一の選擧人に對し數回面接するの意味ではなくして、多數の選擧人に順次連續して面接するの意味である。

本條の面接罪が成立するが爲には、投票を得若は得しめ又は得しめざるの目的を以て連續して、個々の選擧人に對し面接せんと企てたることを要するは勿論にして、此の目的を以て選擧人に面接したる以上は「一人の選擧人に對し面接したる場合に於ても尙同條の面接罪を構成する」ものとする（昭和八年(れ)第一二六〇號大審院判決）。

（イ）衆議院議員選擧法第九十八條に所謂投票を得若は得しむる目的を以て、連續して個々の選擧人に面接する行爲は、二人以上の選擧人に對し、順次に連續して個別的に應待し、投票の勸誘、依賴若は之が斡旋依賴等を爲すに依つて行はるゝを常態とする。然し乍ら、個別的に應對する意圖を以て、各個に認識したる特定多數の選擧人を集合せしめ、其の席上に於て一同に對し、投票の勸誘依賴若は之が斡旋依賴を爲す場合は、個別的に連續して應待する場合と其の形式方法を異にするも、個別的應接の要素を具備し、且其の實質效果に於て彼此異るところがないから等しく連續したる個々面接の行爲である（昭和九年(れ)第六八二號大審院判決）

（ロ）途上に選擧人の來るのを擁して、默禮するは、前述の通り面接運動となるが、自動車や人力車で通行中、途中で選擧人に行逢つて默禮するは罪とならない。議員候補者が投票を得るの目的を以て連續して二以上の選擧人方を訪問し、被訪問者たる選擧人に面接の上、之に對し候補者に投票方を依賴したる場合に於ては之を包括的に觀察し、該個々面接の行爲は當然戸別訪問の行爲中に包含せられ、單純なる戸別訪問の一罪として處斷すべく、戸別訪問と個々面接とに區別して、處斷すべきものではない(昭和九年(れ)第三二號大審院判決)。

(八)　無資格運動と戸別訪問とは、孰れも選擧の公正を害すべき不正運動を豫防することを目的とする選擧取締の規定に違反するもので、其の本質は同じであると共に同一の罰條に該當する。從つて同一の罪名に觸れる(昭和九年(れ)第三七五號大審院判決)。

(二)　演說會の會同者が退散の場合に、會場の前又は道路の辻等に立つて推薦廣告印刷物を配布する行爲は、其の配布する者が、人夫等の如き單純なる機械的の勞務に服する者であるならば罪とならないが、然らざる場合に於て、配布する者が、演說會の退散者又は通行人が選擧人であることを知つて居り、又實際選擧人が其中に入つて居るとしたならば、之は本條の違反となる。

次に個々の面接運動は、戸別訪問の場合と異つて、選擧人其人に直接面接しなければ罪とならない。家族に面接して傳言を依頼する場合の如きは、犯罪成立しない。

（ホ）法第九十八條第二項に所謂個々面接を禁ずるは、其の被面接者は選擧人たるを要し、其の目的は投票を得又は得しめざるに在るのであるから、若し其の被面接者が選擧人であるとしても、其の者から投票を得又は得しめざる目的がないとしたならば、同條の違反とはならない。故に其の被面接者に選擧運動を依頼したるに止まるときは、其の選擧運動なるものは結局の目的に於て投票を得又は得しめざるに在るとするも、這は他の選擧人に對する關係となり被面接者から投票を得又は得しめざるのではないから、右法條の正面には該當するものでないと云はなければならぬ（昭和七年(れ)第一〇五號大審院判決）。

（二）電話に依る個々の運動

戸別訪問及個々の面接運動を禁止するときは、電話其他の通信機關を濫用して運動を爲す者の生ずるは想像に難くない。其處で法は、戸別訪問及び個々の面接運動を禁止すると同時に、電話に依つて連續して個々の選擧人に對して運動することを禁止したのである。之は戸別訪問禁止の理由を徹底せしむると、一面に於ては頻々として呼出さるゝ選擧人の迷惑を顧慮した制度である。

電話に依る運動も連續して爲す場合に於てのみ罪となる。其の投票を得、若くは得せしめ又は得せしめざる目的を要することは他の連續運動と同様である。個々の面接運動と異るは直接選擧人と對話せずして選擧人の家族、使用人と對話するも罪となるのである。此の點戸別訪問と同様である。

三　選擧演說會に關する制限

選擧演說會に出演し得べき者は、一の演說會に付き四人を超ゆることは出來ない。之は議員候補者を加へての數であるが、議員候補者又は其の代理人が出演しないときは三人を超ゆることを得ない（法第九八條ノ三）。本條は昭和九年の改正に依つて新に加へられた制限である。從來の例によれば、選擧演說會には多數の辯士が押し寄せ、却て候補者が迷惑するやうな場合が往々あつたので、演說會の會場の整理、辯士の亂雜等を或程度に於て防がうとする趣旨である。

第九十八條ノ三　選擧演說會ニ出演シ得ベキ者ハ一ノ演說會ニ付四人ヲ超ユルコトヲ得ズ議員候補者又ハ

其ノ代理者出演セザルトキハ三人ヲ超ユルコトヲ得ズ

尚、改正法は第三者の推薦狀及演說會は之を許すが、之までのやうに無統制の演說をやることは出來なくなつた。戶別訪問、個々の面接運動、新聞紙又は雜誌の利用（演說會告知の爲にする場合を除く）、强いて議員候補者又は選擧事務長の承諾を求むることは禁止される（法第九六條第一項但書、施行令第五七條ノ三）。此の改正の理由は一は費用の關係である。若し第三者が勝手に推薦狀を出し、勝手に演說をする場合其の費用は、結局候補者が負擔するといふことになるからである。法文の上に於ては第三者と候補者及び選擧事務長と意思の連絡ある場合に於ては候補者が之を負擔し、然らざる場合に於ては負擔しないといふことになつて居るが、それは表面の形式であつて事實に於ては候補者が全部負擔しなければならぬのである。斯くては結局費用が嵩まるといふことになるので何とか整理しなければならぬといふ議が起り今回の改正となつたのである。

四　選擧後の挨拶に付ての制限

昭和九年の改正法は選擧の期日後に於て、當選又は落選に關し、選擧人に挨拶するの目的を以て爲す行爲に關し、左の各項を禁止することゝした（法第一〇〇條ノ二）。選擧後に於ても之等の行爲を自由に許すに於ては種々の脫法行爲を爲すの機會を作ることにもなり、且選擧期日前に於て法が之等の行爲を禁止した趣旨が徹底しない虞もあるからである。

イ、戶別訪問又は個々の面接

ロ、文書圖畫の頒布又は揭示

ハ、宴會其の他集會の開催

ニ、當選又は落選に關し氣勢を張るの行爲を爲すこと

法第百條ノ二　內務大臣ハ選擧ノ期日後ニ於テ當選又ハ落選ニ關シ選擧人ニ挨拶スルノ目的ヲ以テ爲ス行爲ニ關シ命令ヲ以テ制限ヲ設クルコトヲ得

衆議院議員選擧運動等取締規則（第四章選擧ノ期日後ニ於ケル挨拶）

第十三條　何人ト雖モ選擧ノ期日後ニ於テ當選又ハ落選ニ關シ選擧人ニ挨拶スルノ目的ヲ以テ左ノ各號ニ揭グル行爲ヲ爲スコトヲ得ズ

一　選擧人ニ對シ戶別訪問ヲ爲シ又ハ連續シテ個個ノ選擧人ニ對シ面接シ若ハ電話ニ依リ通話ヲ爲スコト

二　自筆ノ信書ヲ除クノ外選擧人ニ對シ文書圖畫ヲ頒布シ又ハ揭示スルコト

三　新聞紙又ハ雜誌ヲ利用スルコト
四　當選祝賀會其ノ他ノ集會ヲ開催スルコト
五　多衆集合シ又ハ自動車ヲ連ネ若ハ隊伍ヲ組ミテ往來スル等氣勢ヲ張ルノ行爲ヲ爲スコト

第二章　選擧運動の費用

第一節　選擧運動の費用の意義

大正十四年の普選法施行前は、選擧運動の費用に關しては何等制限を設けなかつたが爲に、一回の選擧に數萬圓乃至數十萬圓の費用を要し、金がなければ絕對に代議士になれぬといふ時代を現出し、人格高潔眞に國民の代表者たる者を議會に送ることが出來ず、加ふるに金錢問題を中心とする幾多の犯罪が行はれたるが故に、選擧界の革正を期する目的を以て大正十四年の改正に於て、選擧運動の費用を制限し、法定額以上の費用を支出した場合に於ては當該候補者の當選を無效とし、罰則をも附することゝした。

然るに單に選擧運動の費用といへば、其の範圍頗る不明確にして誠に判斷に苦しむものがある。例へば立候補前の準備の爲に支出した費用、第三者の支出した費用、殘務整理の爲に支出した費用の如き、法定額に入るべきか否かに付き幾多の疑を生じて來るのである。依つて法は之に關し次の如き規定を設けた。

（一）選擧運動の爲財産上の義務を負擔し、又は建物、船車馬、印刷物、飮食物其の他の金錢以外の財産上の利益を使用し、若は消費したる場合に於ては、其の義務又は利益を時價に見積つた金額を以て選擧運動の費用と看做す（法第一〇三條）。

（二）左の各號に揭ぐる費用は之を選擧運動の費用に非ざるものと看做す（法第一〇四條）。

イ、議員候補者が乘用する船車馬等の爲に要したる費用。

ロ、選擧の期日後に於て選擧運動の殘務整理の爲に要したる費用。

ハ、選擧委員の支出したる費用にして、議員候補者又は選擧事務長と意思を通じて支出したる費用以外のもの、但し第百一條第一項（次節參照）の規定の適用に付ては此の限りではない。

ニ、第六十七條第一項乃至第三項の屆出ありたる後、議員候補者、選擧事務長、選擧委員に非ざる者の支出したる費用以外のもの、但し第百一條第二項の規定の適用に付ては此の限りではない。

ホ、立候補準備の爲に要した費用にして、議員候補者若は選擧事務長と爲りたる者の支出したる費用又は其の者と意思を通じて支出したる費用以外のもの。

法第百三條　選擧運動ノ爲財産上ノ義務ヲ負擔シ又ハ建物、船車馬、印刷物、飮食物其ノ他ノ金錢以外ノ財産上ノ利益ヲ使用シ若ハ費消シタル場合ニ於テハ其ノ義務又ハ利益ヲ時價ニ見積リタル金額ヲ以テ選擧運動ノ費用ト看做ス

法第百四條　左ノ各號ニ揭クル費用ハ之ヲ選擧運動ノ費用ニ非サルモノト看做ス

一　議員候補者カ乘用スル船車馬等ノ爲ニ要シタル費用

二　選擧ノ期日後ニ於テ選擧運動ノ殘務整理ノ爲ニ要シタル費用

三　選擧委員ノ支出シタル費用ニシテ議員候補者又ハ選擧事務長ト意思ヲ通シテ支出シタル費用以外ノモノ但シ第百一條第一項ノ規定ノ適用ニ付テハ此ノ限ニ在ラス

四　第六十七條第一項乃至第三項ノ屆出アリタル後議員候補者、選擧事務長、選擧委員ニ非サル者ノ支出シタル費用ニシテ議員候補者又ハ選擧事務長ト意思ヲ通シテ支出シタル費用以外ノモノ但シ第百一條第二項ノ規定ノ適用ニ付テハ此ノ限ニ在ラス

五　立候補準備ノ爲ニ要シタル費用ニシテ議員候補者若ハ選擧事務長ト爲リタル者ノ支出シタル費用又ハ其ノ者ト意思ヲ通シテ支出シタル費用以外ノモノ

【質疑回答】

一　選舉運動ノ爲財産上ノ義務ヲ負擔シ又ハ金錢以外ノ財産上ノ利益ヲ使用シ若ハ費消シタル場合ニ於テ其ノ義務又ハ利益ヲ時價ニ見積ル者ハ當該選擧事務長ナリトス選擧法第百一條第一項ノ承諾ニ係ル他人ノ支出ニ關シテモ亦同シ（内務省問合）

二　選擧運動ノ爲財産上ノ義務ヲ負擔シ又ハ金錢以外ノ財産上ノ利益ヲ使用シ若ハ費消シタル場合之ヲ時價ニ見積ルハ其ノ義務ヲ負擔シ又ハ利益ヲ使用シ若ハ費消シタル時ノ時價ヲ以テスヘキモノトス（内務省問合）

三　問　（一）第百三條ノ「時價」ヲ評定スルニハ所謂選擧相場ニヨルカ普通相場ニヨルカ

（二）特定ノ候補者ニ對シ無料又ハ割引ヲ爲ス場合ニハ無料、割引ノ部分ニ付時價ニ依リ選擧費ヲ計算スルカ

（三）候補者全體ニ對シ無料、割引ヲ爲ス場合モ亦同シキカ（民政黨問合）

答　（一）第百三條ニ所謂時價トハ其ノ時期其ノ場所ニ於ケル價格ヲ云フ

（二）特定ノ議員候補者ニ對シ無料又ハ割引ヲ爲ス場合ニ於テモ總テ時價ニ依リ計算ス

（三）積極

四　他人ヨリ一般ニ無料又ハ割引ヲ爲ス場合ニ非スシテ選擧運動ニ關シテ特ニ無料又ハ價格割引ニテ提供ヲ受ケタル物件又ハ勞務ヲ選擧運動ノ爲使用若ハ費消スルコトニ依リ選擧運動ノ費用ヲ節約シ得タル場合其ノ無料又ハ割引セラレタル部分ニ付テモ本條ノ適用アルモノトス（内務省問合）

五　選擧運動者ニ非サル者ノ勞務ヲ選擧運動ニ關シ使役シタル場合（例ヘハ小使給仕ノ爲スヘキ勞務ヲ雇傭契約等ニ基カス他人カ任意ニ服シタル場合ノ如シ）其ノ勞務カ財産的價値ニ見積リ得ヘキモノナルトキハ本條ノ適用ヲ受クヘキモノトス（内務省問合）

六　第百四十條ノ規定ニ依リ無料ヲ以テ郵便物ヲ差出シ又ハ公立學校ノ設備ヲ使用スルコトニ依リ支出ヲ免カレタル選擧運動ノ費用ノ相當額ニ付テハ本條ノ適用ナキモノトス（内務省問合）

註　第百四十條第一項ノ規定ハ地方議會ノ議員ノ選擧ニハ準用ナシ

七　選擧運動ノ費用ノ支出ニ依リ取得シタル物件カ選擧終了後仍財産的價値ヲ殘存スル場合ト雖既ニ支出シタル選擧運動ノ費用ニ付テハ殘餘物件ノ價格ヲ控除スヘキモノニ非ス（内務省問合）

八　政黨ノ總裁其ノ他政黨ノ幹部ノ政見發表演說ヲ映寫シ且吹込ミタル「レコード」式發聲映畫「フヰルム」竝ニ其ノ映寫機ヲ政黨本部ヨリ借用シテ特定候補者カ之ヲ選擧運動ニ利用シタル場合ニ於テハ其ノ選擧費用ハ右映畫「フヰルム」竝ニ映寫機ノ通常ノ使用料（時價）竝ニ電力使用料ニ依リ加算スヘキモノトス（内務省合議）

但シ右使用料トハ(1)映畫「フイルム」及「レコード」ノ損料、(2)映寫機械及發聲機ノ損料、(3)技師ノ派遣料（技師ノ旅費ヲモ包含セラレタルモノトス）、(4)映畫「フヰルム」「レコード」映寫機及發聲機ノ運搬費ヲ包含シタルモノトス

（備考）　右ハ映畫「フヰルム」ヲ政黨本部ニ於テ作製シ（特定映畫社ヲシテ作製セシメ、之ヲ政黨本部ニ於テ購入シタルモノ）映寫機及發聲機ヲ購入シ技師ヲ傭入レ、之等ヲ一體トシテ特定候補者ニ貸與スルモノナリ

九　問　第百四條第一號議員候補者カ乘用スル船車馬等ノ爲ニ要シタル費用トアルノミニシテ宿泊料ノ規定ナシ宿泊料ハ選擧運動ノ費用ト解釋スヘキモノナルヤ（廣島檢事正問合）

答　議員候補者カ選擧運動ノ爲ニ要シタル宿泊料ハ選擧運動ノ費用トシテ計算スヘキモノトス

一〇　政黨本部又ハ支部ヨリ派遣スル應援辯士ノ旅費宿泊料、演說會其ノ他一切ノ費用ヲ其黨所屬ノ

各候補者ノ選擧費用ニ加算スルカ、若シ然リトセハ如何ナル方法ニ依リ如何ナル割合ヲ以テ各候補者ニ割リ當ツヘキカ又此ノ場合ニ於テ意思ヲ通スル場合ト然ラサル場合トヲ如何ニシテ區別スルカ（民政黨問合）

答　政黨本部又ハ支部ヨリ派遣スル應援辯士ノ旅費、宿泊料演說會其ノ他一切ノ費用ハ應援ヲ受ケタル候補者ト意思ヲ通シテ支出シタルモノナル限リ該議員候補者ノ選擧費用トシテ加算ス若シ議員候補者多數ナル場合ニ於テハ共通ノ費用ハ意思ヲ通シタル議員候補者タルト否トヲ區別セス其ノ各議員候補者間ニ平等ニ分割シ意思ヲ通シタル議員候補者ニハ其ノ割當額ヲ選擧費用ニ加算ス

一　問　第三者カ演說ニ依ル運動ヲ爲ス場合演說ヲ爲スコトノ合意アルモ特ニ費用ノ支出ニ付意思ヲ通セサルトキハ候補者側ノ費用ニ算入セサルヤ又其ノ合意アリタルトキハ費用ノ支出ニ付意思ヲ通シタリト認ムヘキヤ或ハ其ノ合意アリタルトキハ運動者ノ支出スル費用ヲ豫知シ得ル場合ノミ之ヲ費用ニ算入スヘキヤ（旭川檢事正問合）

答　第百四條ニ所謂「意思ヲ通シテ」トハ費用ヲ支出スルコトニ付キ別段ノ合意ナカリシ場合ト雖選擧運動ニ付キ合意アリ而モ當然之ニ伴フヘキ運動費用ノ支出アルコトヲ是認スルカ如キ行爲アリタル場合ニ於テハ其ノ費用ノ支出ニ付意思ヲ通シタルモノト認ムルヲ相當トス

二　問　第百四條第三號又ハ第四號ノ「意思ヲ通スル」トハ概括的運動方法ニ關スル依頼モ含ムカ茲ニ概括的トイフハ「演說ヲシテ呉レ」若ハ「推薦狀ヲ出シテ呉レ」又ハ「兩者ヲヤツテ呉レ」トノ依頼ヲ意味ス（民政黨問合）

答　積極

三　問　（一）後援會（第三者ノ催ス演說會本部又ハ推薦狀發送本部）ニ對シ候補者カ感謝ノ挨拶ヲ爲

ス場合ハ之ヲ「意思ヲ通シタル」モノト見ルカ
（二）後援會ヨリ候補者ノ選擧本部ノ情勢ヲ報告スル場合及選擧本部ヨリ後援會ニ之ヲ問合スル場合モ亦同シキカ（民政黨問合）
答　（一）感謝ノ挨拶ヲナシタルノミヲ以テ直ニ意思ヲ通シタリト爲スヘカラサルモ右ノ挨拶ニ伴ヒ爾後ノ選擧運動ニ付合意アリタル場合ニ於テハ其ノ費用ノ支出ニ付意思ヲ通シタルモノトス但シ第三者ハ演説又ハ推薦狀ニ依ル選擧運動ヲ爲スニ付事務所ヲ設クルコトヲ得サルモノナルヲ以テ繼續的性質ヲ帶フル演説會本部又ハ推薦狀發送本部ヲ設クルコトハ第八十九條ニ違反スヘシ
（二）合意ノ事實（明示、默示ヲ問ハス）アレハ何レノ場合ヲ問ハス意思ヲ通シタルモノトス設例ノ場合ハ假ニ、最初ノ一回ハ意思ヲ通シタル事實ナシトスルモ之ヲ反覆スルコトハ意思ヲ通シタルモノニ外ナラス

一四　本條第一號ノ規定ハ議員候補者ノミニ付適用アルモノトス從テ選擧運動者カ選擧運動ノ爲議員候補者ノ自動車ニ同乘シタル場合ニ於テハ其ノ選擧運動者カ若シ議員候補者ノ自動車ニ同乘セサルニ於テハ支出スヘカリシ一定額ノ自動車賃ヲ自己ノ割前ニ付第百三條ノ規定ニ依リ其ノ一定額ヲ算出シ選擧運動ノ費用ノ支出ト看做サルヘキモノトス（内務省問合）

一五　問　議員候補者ノ乘用スル自動車ニ選擧運動者カ同乘シタルトキハ如何ニ其ノ費用ノ計算ヲ爲スヘキカ（名古屋檢事長問合）
答　本條第一號ノ規定ハ議員候補者ノミニ付適用アルモノトス從テ選擧運動者カ選擧運動ノ爲議員候補者ノ自動車ニ同乘シタル場合ニ於テハ其ノ選擧運動者カ若シ議員候補者ノ自動車ニ同乘セサルニ於テハ支出スヘカリシ一定額ノ自動車賃ヲ自己ノ割前ニ付第百三條ノ規定ニ依リ其一定額ヲ算出

シ選擧運動ノ費用ノ支出ト看做サルヘキモノトス

一六 問 法第百四條第一號ニ所謂議員候補者カ乘用スル船車馬ノ費用中ニハ議員候補者ノ宿泊料ヲ包含スルヤ(名古屋檢事長問合)

答 積極ニ解ス

一七 問 「選擧運動ノ殘務整理ノ爲ニ要シタル費用」トハ選擧期日經過後ニ非サレハ支拂ノ原因カ發生セサル費用ニシテ例ヘハ選擧事務所ノ閉鎖、選擧運動ノ費用ノ精算其ノ他事實上選擧運動ノ後片付ヲ爲スニ付當然要スヘキ費用ノ謂ナリトス從テ選擧期日前ニ生シタル債務ニシテ第百三條ノ規定ニ依リ選擧運動ノ費用ト看做サレタルモノハ既ニ精算ノ場合支出トシテ選擧法上ハ取扱ハレ居ルヲ以テ選擧期日以後ニ於テ其ノ債務ヲ履行スルカ如キハ之ヲ再ヒ支出トシテ取扱ハス從テ殘務整理ノ爲ニ要シタル費用ノ觀念ニモ包含セサルコト勿論ナリトス(内務省問合)

【判例】 **財産上ノ義務負擔ト選擧運動費用**

蓋シ選擧運動ノ費用ハ金錢ヲ以テ現實ニ支出スルヲ通常トスヘキモ或ハ金錢債務ヲ負フニ止マリ其ノ辨濟ヲ選擧期日以後ニ於テスルコトアリ或ハ金錢ノ支出ニ代ヘテ物權ノ設定移轉又ハ契約ノ締結等ヲ爲シ以テ財産上ノ利益ヲ相手方ニ附與スルコトアリ若シ此等列擧ノ場合ヲ選擧運動ノ費用ニ算入セサルコトトセハ選擧運動ノ費用ヲ制限シタル趣旨ヲ貫徹スルコト能ハサルヲ以テナリ原判示第二ヲ通讀スルニ被告人ハ選擧事務長トシテ廣島縣知事ニ對シ選擧費用ノ屆出ヲ爲スニ當リ自動車賃印刷費其ノ他金七百二十八圓二十九錢ハ未タ支出ヲ了セサルニ拘ラス既ニ之ヲ支出シタルモノトシテ屆出ヲ爲シタリト云フニ在リテ右判示事實ハ被告人ニ於テ財産上ノ義務ヲ負擔セル場合ニ之ヲ支出トシテ記入シ其屆出ヲ爲シタルモノニシテ卽チ被告人ハ前記法規上當然爲スヘキコトヲ爲シタリト云フニ止リ罪ト

シテ目スヘモノニ非ス（昭和三年（れ）第二九八號同年四、一八、大審院判決）

第二節　選擧運動費用支出に關する制限

一　選擧運動費用支出の責任者

（一）　立候補準備の爲に要する費用を除くの外、選擧運動の費用は選擧事務長でなければ之を支出することは出來ない（法第一〇一條第一項）。但し議員候補者、選擧委員は選擧事務長の文書に依る承諾を得て之を支出することを妨げない。此規定は一面に於て選擧事務長等に之が支出を爲すの權限を附與するものであるから、右所謂選擧の費用には不法なる選擧運動報酬の如きは之を包含するものに非ずと解さなければならぬ。然れば同條の選擧費用とは適法の選擧運動に付當然要するところの費用を指稱するものと謂ふべきである（昭和八年（れ）第一二號大審院判決、昭和七年（れ）第一三四六號大審院判決同趣旨）。

選擧事務長自ら費用を支出し又は議員候補者、選擧委員が選擧事務長の文書に依る承諾を得て支出した費用が、選擧費用のみである場合は問題でないが、其の支出したものが運動報酬及其の他の費用として包括したもので、報酬と其の他の費用とを區別し得ない場合には、裁判所は之が區別を明示することなく、法第百十二條の報酬供與罪として判決を下し得るのである（昭和八年（れ）第一二二號大審院判決）。從つて其の金員全部に付、法第百十一條第一號所定の犯罪成立すべく、又其の情を諒して之を受けたる者は其の金員全部に付、同條第四號の犯罪成立する（昭和八年（れ）第七三八號大審院判決）。

（二）　議員候補者、選擧事務長又は選擧委員に非ざる者は選擧運動の費用を支出することは出來ない。但し第九十六條第一項但書の規定に依り選擧演說會に出演する者は、選擧事務長の文書に依る承諾を得て其の出演の爲に要する費用を支出することが出來る（法第一〇一條）改正前は第二項に於て、演說又は推薦狀に依る選擧費用は第三者が勝手にやる場合之が支出を認めたのであつたが、改正法は全然之を認めないことゝした。蓋し第三者の選擧運動を原則として認めないことゝした結果である。

法第九十六條第一項但書　但シ命令ノ定ムル所ニ依リ演說又ハ推薦狀ニ依ル選擧運動ヲ爲スハ此ノ限ニ在ラス

法第百一條　立候補準備ノ爲ニ要スル費用ヲ除クノ外選擧運動ノ費用ハ選擧事務長ニ非サレハ之ヲ支出スルコトヲ得ス但シ議員候補者又ハ選擧委員ハ選擧事務長ノ文書ニ依ル承諾ヲ得テ之ヲ支出スルコトヲ妨ケス

【質疑回答】

一　問　(一)選擧準備ノ意義如何(二)選擧準備ノ始期ヲ定ムルコトヲ得ルカ若シ然リトセハ其ノ時期如何(民政黨問合)

答　(一)選擧準備ナル用語ナシ立候補準備行爲トハ議員候補者タラムトスル者カ立候補ノ爲メニ又他人ヲ議員候補者タラシメムトスル者カ其ノ者ノ立候補ノ爲メニ爲スコトヲ要スル準備行爲ヲ謂フ(二)一定ノ始期ヲ定ムルヲ得ス(但シ昭和九年改正)

二　選擧事務長カ議員候補者、選擧委員又ハ選擧事務員ニ對シ支出ノ承諾ヲ與ヘタルノミニテハ未タ支出アリタルモノト謂フヲ得ス(内務省問合)

三　問　第百一條ノ文書承諾ハ概括的ニ承諾ヲ爲スモ亦差支ナキカ又ハ費途ヲ特定スル必要アリヤ(民政黨問合)

答　選擧事務長カ議員候補者、選擧委員又ハ選擧事務員ニ對シ第百一條第一項但書ニ依リ文書ニ依ル支出ノ承諾ヲ與フルニハ其ノ文書ニ勅令ノ定ムル所ニ依リ承諾簿ニ記載スルコトヲ要スル用途ノ大要ヲ指定スルヲ要スルモノトス從テ用途ノ大要ヲ指定セス單ニ一定額ニ付概括的ニ支出ノ承諾ヲ與ヘタルノミニテハ未タ本條第一項但書ノ承諾ヲ與ヘタルモノト謂フヲ得ス

四　「立候補準備ノ爲ニ要スル費用」トハ第六十七條ノ屆出ナキ以前ニ於テ選擧ノ爲ニ支出セラルル費用ヲ謂フ(内務省問合)

五　本條ニ謂フ所ノ「支出スルコト」トハ現實ニ支拂ヲ爲スコト卽チ買受代金、勞務ノ對價等支拂義務ヲ實行スルコト及其ノ他財産上ノ義務ヲ負擔シ又ハ金錢以外ノ財産上ノ利益ヲ使用シ若ハ費消スルコトヲ謂フモノトス（內務省問合）

六　本條第二項ハ議員候補者、選擧事務長、選擧委員又ハ選擧事務員以外ノ者ニ關スル規定ナルヲ以テ議員候補者等カ演說又ハ推薦狀ニ依ル選擧運動ノ費用ヲ支出セムトスルトキハ本條第一項ノ定ムル所ニ依リ選擧事務長ノ文書ニ依ル承諾ヲ要ス（內務省問合）

七　問　本條第二項但書ニ「演說又ハ推薦狀ニ依ル選擧運動ノ費用ハ此ノ限ニ在ラス」トアルハ第九十六條但書ト同シク第三者ヲ指シタルモノニシテ議員候補者並ニ其ノ選擧事務長等ニアラサル第三者ノ支出シタル費用ト解釋ス可ク從ツテ第百二條ノ費用ニ算入スヘキモノニ非サルモ第九十七條第一項末段ノ演說又ハ推薦狀ニ依リ推薦運動ヲ爲ス者トアルハ前段ノ選擧事務長等ヲ指示シタルモノナルカ故ニ因テ支出シタル費用ハ第百二條ノ選擧運動ノ費用中ニ合算ス可キモノト解シ可然哉（廣島檢事正問合）

答　本條第二項但書ニ依リ演說又ハ推薦狀ニ依ル選擧費用ハ議員候補者、選擧事務長、選擧委員、選擧事務員ニ非サル者所謂第三者ノ支出ニ係ルヲ以テ第百四條第四號ノ規定ニ從ヒ議員候補者又ハ選擧事務長ト意思ヲ通シテ支出シタル場合ニ非サレハ選擧運動費用ニ非サルモノト看做サル又第九十七條第一項末段ニ演說又ハ推薦狀ニ依リ選擧運動ヲ爲ス者トハ之亦所謂第三者ノ場合ヲ指稱シ選擧事務長等ヲ指稱シタルモノニ非ス故ニ其ノ演說又ハ推薦狀ニ依ル費用モ亦第百四條第四號ニ依リ議員候補者又ハ選擧事務長ト意思ヲ通シテ支出シタル場合ニ限リ第百二條ノ選擧運動費用中ニ算入スヘキモノトス

【判例】

一　**選擧運動費用ノ支出ト選擧事務長ノ承諾**

第百一條但書ニ依リ選擧事務長ノ文書ニ依ル承諾ヲ得テ選擧運動ノ費用ヲ支出スルニハ必スヤ其ノ支出前ニ承諾ヲ得ルコトヲ要スルモノト解スヘク從テ一旦文書ニ依ル承諾ナクシテ之ヲ支出シタル者ハ事後ニ選擧事務長ノ承諾ヲ得ルモ尙同條項ニ違反シテ選擧運動ノ費用ヲ支出シタル罪責ヲ免レサルモノトス(昭和二年(れ)第一六八三號昭和三、三、五、大審院判決)

二　**選擧運動費用ノ支出ト選擧事務長ノ承諾**

苟モ選擧運動ノ費用ノ支出ニシテ選擧事務員ノ支出ト認メ得ヘキ限ハ選擧事務員カ選擧事務長ヨリ概括的ニ選擧運動ニ關スル費途ヲ定メ其ノ費用ヲ支拂フ爲ニ豫メ交付ヲ受ケタル金圓ノ支出タルト選擧事務員カ選擧運動費ノ立替支拂ヲ爲ストヲ問ハス等シク選擧事務長ノ文書ニ依ル承諾ヲ要スト云ハサルヘカラス(昭和二年(れ)第一八六四號昭和三、三、六、大審院判決)

三　**選擧運動費用ノ支出ト法第百一條違反**

立法ノ精神ヨリ考察スレハ選擧委員カ選擧運動ノ費用トシテ一定ノ金員ヲ支出スルニ當リテハ(一)現實ニ要シタル費用ノ支拂ヲ爲ス場合ナルト(二)將來要スヘキ選擧運動費用ニ充ツル爲概算額ヲ選擧運動員ニ交付スル場合ナルトヲ問ハス何レモ選擧事務長ノ文書ニ依ル承諾ヲ得ルコトヲ要スル趣旨ナリト解セサルヘカラス(昭和五年(れ)第六〇六號同年六、三、大審院判決)

四　**選擧事務長カ選擧事務員ヲ機械的補助者トシテ選擧運動ノ費用ヲ支出セシメタルトキト其ノ支出ノ認定**

選擧事務長カ選擧運動ノ費用ヲ支出スルニ際シ選擧事務員ヲ其ノ機械的補助者トシ其ノ支出ニ要ス

ル單純ナル勞務ヲ供セシムル場合ニ於テハ其ノ支出タルヤ選擧事務長ノ直接支出ト認メ得ヘキカ故ニ固ヨリ文書ニ依ル承諾ヲ要スルコトナシ(昭和七年(れ)第六四〇號同年七、一、大審院判決)

二 選擧運動費用の法定額

法は選擧運動費用支出の最高額を定めて居る。即ち

(一) 選擧運動費用の計算方法は、選擧區の配當議員數を以て選擧人名簿確定の日に於て、之に登錄せられたる者の總數を除して得たる數を三十錢に掛けたものが候補者の使ひ得べき選擧費用の總額である(府縣制施行令第一九條)。

衆議院議員選擧の場合は(一選擧區の有權者數を議員定員で割つて四十錢に掛ける)のである。選擧區の大小にもよるが、一人の選擧運動の費用が一萬二千圓といふことになるが之では多過ぎるといふので、政府は之を半減して(四十錢掛けるのを二十錢として)六千圓程度としたのであるが、その根據は、衆議院議員選擧法の改正に於て人爲的に選擧費の減るやうに改正を加へられたことも一原因である。即ち衆議院議員選擧法は選擧事務所七箇所を原則として一箇所に減じた爲めに其の費用を減じたこと。運動員も選擧委員、選擧事務員を合して五十名を二十名に減じ、機械的勞務者を無制限に使用を許して居たのを、一日に二十名

以上使ふことを出來なくし、文書に付ては、候補者自身に於ても何回出してもよいことになつて居たのであるが、改正法は無料郵便一回より候補者に於て出せないことにした。又第三者の文書に依る運動は絶對に禁止することにして、諸般の改正を加へた結果、此の基礎額の四十錢を二十五錢に減じたのである。然るに更に此處に選擧公營を附加した爲めに、此方面より金が減ずることゝなり、遂に二十錢といふことになつたのである。

尤も此の六千圓と云ふのは有權者十萬人を基礎として計算したものである。之が十五萬人になり二十萬人になれば此金は殖えて行くのである。然るに衆議院では、此の金額では不足であるといふので政府案の二十錢を修正して三十錢とした。

以上は衆議院議員選擧法に關する理論であるが府縣制第四十條に依つて準用される地方議會に於ても理論は同一である。

（二）　この額は地方長官（東京府に在りては警視總監）より選擧期日の公布又は告示ありたる後直に告示される（法第一〇二條第二項）。

（三）　實際支出せられた選擧運動の費用が此額を超過したときは、その當選が無效とされる。

但し議員候補者及推薦屆出者が、選擧事務長又は之に代りて其の職務を行ふ者の選任及監督に付相當の注意を爲し、且選擧事務長又は之に代つて其の職務を行ふ者に於て、選擧運動の費用の支出に付過失なかつた場合は免責される（法第一一〇條）。

府縣制施行令第十九條第一項

選擧運動ノ費用ハ議員候補者一人ニ付右ノ各號ノ額ヲ超ユルコトヲ得ズ

一 選擧區ノ配當議員數ヲ以テ選擧人名簿確定ノ日ニ於テ之ニ登錄セラレタル者ノ總數ヲ除シテ得タル數ヲ三十錢ニ乘ジテ得タル額

二 選擧ノ一部無效ト爲リ更ニ選擧ヲ行フ場合ニ於テハ選擧區ノ配當議員數ヲ以テ選擧人名簿確定ノ日ニ於テ關係區域ノ選擧人名簿ニ登錄セラレタル者ノ總數ヲ除シテ得タル數ヲ三十錢ニ乘ジテ得タル額

【質疑回答】

一 第百二條第一項第二號又ハ第三號ノ定ムル選擧運動ノ費用ハ第一項第一號ノ費用ト獨立シテ取扱フヘキモノトス（內務省問合）

二 問 選擧運動費額ノ算定ニ關シ確定選擧人總數ニ議員定數ヲ乘スルニ當リ小數點以下ノ數ヲ生シタル場合ハ如何ニ承知スヘキヤ

答 厘位迄計算セハ可ナリ（內務省）

三　費用の記帳及屆出の義務

（一）選擧事務長は別に定むる様式に依り、承諾簿、評價簿及支出簿を備へ、之に選擧運動の費用を記載して置かなければならぬ（法第一〇五條、施行令第六四條ノ二、規則第一四條）。

（二）選擧事務長は勅令の定むる所に依り選擧運動の費用を精算し、選擧の期日より十四日以内に、第八十八條第五項の屆出（選擧事務長選任屆）あつた警察官署を經て、之を地方長官（東京府に在つては警視總監）に屆出なければならぬ（法第一〇六條第一項）。

法第八十八條第五項　選擧事務長ノ選任者（自ラ選擧事務長ト爲リタルモノヲ含ム）ハ直ニ其ノ旨ヲ選擧區内警察官署ノ一ニ屆ツヘシ

地方長官は右の規定に依り屆出あつた選擧運動の費用を告示する（法第一〇六條第二項）。

（三）選擧事務長は右の屆出を爲した日より一年間、選擧運動の費用に關する帳簿及書類を保存しなければならぬ（法第一〇七條）。

（四）選擧事務長辭任し又は解任せられた場合に於ては、遲滯なく選擧運動の費用の計算を爲し、新に選擧事務長と爲つた者に對し事務の引繼を爲さなければならぬ。若し新に選擧事務長となる者がない時には、第九十五條の規定に依り選擧事務長の職務を行ふ者に對し事務の引繼を爲すのである。勿論、同時に選擧事務所、選擧委員、選擧運動の爲使用する勞務者其の他に關する事務も引繼を爲すのである。

選擧事務長の、職務代行者が事務の引繼を受けた後、新に選擧事務長が定まつたときは、新任選擧事務長に事務の引繼を爲すべきである（法第一〇九條）。

法第百五條　選擧事務長ハ勅令ノ定ムル所ニ依リ帳簿ヲ備ヘ之ニ選擧運動ノ費用ヲ記載スヘシ

法第百六條　選擧事務長ハ勅令ノ定ムル所ニ依リ選擧運動ノ費用ヲ精算シ選擧ノ期日ヨリ十四日以内ニ第八十八條第五項ノ屆出アリタル警察官署ヲ經テ之ヲ地方長官（東京府ニ在リテハ警視總監）ニ屆出ツヘシ

法第百七條　選擧事務長ハ前條第一項ノ屆出ヲ爲シタル日ヨリ一年間選擧運動ノ費用ニ關スル帳簿及書類ヲ保存スヘシ

地方長官（東京府ニ在リテハ警視總監）ハ前項ノ規定ニ依リ屆出アリタル選擧運動ノ費用ヲ告示スヘシ

前項ノ帳簿及書類ノ種類ハ勅令ヲ以テ之ヲ定ム

法百九條　選擧事務長辭任シ又ハ解任セラレタル場合ニ於テハ遲滯ナク選擧運動ノ費用ノ計算ヲ爲シ新ニ選擧事務長ト爲リタル者ニ對シ、新ニ選擧事務長ト爲リタル者ナキトキハ第九十五條ノ規定ニ依リ選擧事務長ノ職務ヲ行フ者ニ對シ選擧事務所、選擧委員、選擧運動ノ爲使用スル勞務者其ノ他ニ關スル事務ト共ニ其ノ引繼ヲ爲スヘシ第九十五條ノ規定ニ依リ選擧事務長ノ職務ヲ行フ者事務ノ引繼ヲ受ケタル後新ニ選擧事務長定リタルトキ亦同シ

法第百十條　議員候補者ノ爲支出セラレタル選擧運動ノ費用カ第百條第二項ノ規定ニ依リ告示セラレタル額ヲ超エタルトキハ其ノ議員候補者ノ當選ヲ無效トス但シ議員候補者及推薦届出者カ選擧事務長又ハ之ニ代リテ其ノ職務ヲ行フ者ノ選任及監督ニ付相當ノ注意ヲ爲シ且選擧事務長又ハ之ニ代リテ其ノ職務ヲ行フ者ニ於テ選擧運動ノ費用ノ支出ニ付過失ナカリシトキハ此ノ限ニ在ラス

施行令第六十四條ノ二　承諾簿、評價簿及支出簿ノ記載ハ内務大臣ノ定ムル樣式ニ依ルヘシ

施行令第六十五條　衆議院議員選擧法第百九條ノ規定ニ依リ事務ノ引繼ヲ爲ス場合ニ於テハ第六十六條ニ定ムル精算屆書ノ樣式ニ準シ選擧運動ノ費用ノ計算書ヲ作成シテ引繼ヲ爲ス者及引繼ヲ受クル者ニ於テ之ニ引繼ノ旨及引繼年月日ヲ記載シ共ニ署名捺印シ第六十八條ニ定ムル帳簿及書類ト共ニ其ノ引繼ヲ爲スヘシ

施行令第六十六條　衆議院議員選擧法第百六條第一項ノ規定ニ依ル選擧運動ノ費用ノ精算ノ屆出ハ文書ヲ以テ之ヲ爲シ内務大臣ノ定ムル精算屆書ノ樣式ニ依ルヘシ

施行令第六十七條　選擧運動ノ費用ノ支出ヲ爲シタルトキハ其ノ都度領收書其ノ他ノ支出ヲ證スヘキ書面ヲ徵スヘシ但シ之ヲ徵シ難キ事情アルトキ又ハ一口五圓未滿ノ支出ヲ爲シタルトキハ此ノ限ニ在ラス

施行令第六十八條　衆議院議員選擧法第百七條第二項ノ規定ニ依リ帳簿及書類ノ種類ヲ定ムルコト左ノ如シ

一　第五十八條乃至第六十條ノ精算書

二　第六十一條ニ掲クル帳簿
三　第六十五條ノ計算書
四　前條ノ領收書其ノ他ノ支出ヲ證スヘキ書面

衆議院議員選擧運動等取締規則（第五章選擧運動ノ費用）

第十四條　選擧運動ノ費用ニ關スル承諾簿、評價簿及支出簿ハ別記第二號樣式ニ依リ之ヲ作成スベシ

第十五條　選擧運動ノ費用ノ精算屆書ハ別記第三號樣式ニ依リ之ヲ作成スベシ

第十六條　選擧運動ノ費用ノ精算屆書ハ地方長官（東京府ニ在リテハ警視總監）ニ於テ其ノ屆出アリタル日ヨリ一年間之ヲ保存スベシ

選擧人又ハ議員候補者ハ衆議院議員選擧法第八十四條第一項ニ定ムル出訴期間内ニ限リ前項ノ精算書ノ閲覧ヲ求ムルコトヲ得衆議院議員選擧法第八十四條第一項ノ規定ニ依リ出訴シタル者其ノ訴訟繫屬中亦同ジ

第二號樣式　（選擧運動ノ費用ニ關スル帳簿）

一　承諾簿

年月日			金額			承諾ヲ受ケタル者ノ氏名	用途ノ大要	備考
承諾	取消	精算	承諾	取消	精算			
			円	円	円			

備考略

二　評價簿

支出ノ年月日	評價金額	見積ノ詳細ナル根據	用途ノ大要	支出先 住所	支出先 氏名	備考
	円					

備考略

三　支出簿

支出ノ年月日	支出金額 支出	支出金額 計	用途ノ大要	支出先 住所氏名	支出者ノ氏名	備考
	円	円				
合計						

備考略

第三號樣式（選擧運動ノ費用ノ精算屆書）

選擧運動費用精算屆書

何府縣（北海道）（第何區

議員候補者　氏　名

前記議員候補者ノ昭和何年何月何日執行衆議院議員選擧（衆議院議員選擧再投票）ニ於ケル選擧運動ノ費用精算ノ結果左記ノ通相違無之依テ衆議院議員選擧法第百六條ニ依リ屆出候也

昭和何年何月何日

選擧事務長　氏　名印

地方長官（警視總監）宛

記

一　支出總額　金何圓何錢

（一）選擧事務長ノ支出シタル額　金何圓何錢

（二）選擧事務長ノ承諾ヲ得テ支出シタル額　金何圓何錢

內

議員候補者ノ支出シタル額　金何圓何錢

選擧委員ノ支出シタル額　金何圓何錢

（三）議員候補者選擧事務長又ハ選擧委員ニ非サル者ノ支出シタル額　金何圓何錢

內

議員候補者ト意思ヲ通シテ支出シタル額　金何圓何錢

選擧事務長ト意思ヲ通シテ支出シタル額　金何圓何錢

（四）立候補準備ノ爲ニ支出シタル額　金何圓何錢

一　支出明細

（一）報　酬　金何圓何錢
　勞務者　金何圓何錢
　　何某へ　金何圓何錢
（二）家屋費　金何圓何錢
　選擧事務所　金何圓何錢
　　何選擧事務所　金何圓何錢
　集會會場　金何圓何錢
　　何集會會場　金何圓何錢
（三）通信費　金何圓何錢
　郵便料　金何圓何錢
　電報料　金何圓何錢
　電話料　金何圓何錢
　其ノ他　金何圓何錢
（四）船車馬費　金何圓何錢
　汽車賃　金何圓何錢
　電車賃　金何圓何錢
　自動車賃　金何圓何錢
　馬車賃　金何圓何錢
　人力車賃　金何圓何錢

船賃　金何圓何錢
其ノ他　金何圓何錢
（五）印刷費　金何圓何錢
（六）廣告費　金何圓何錢
（七）筆墨紙費　金何圓何錢
（八）休泊費　金何圓何錢
（九）飲食物費　金何圓何錢
（十）雜費　金何圓何錢
計　金何圓何錢
一　實費辨償　金何圓何錢
（一）選擧事務長　金何圓何錢
（二）選擧委員　金何圓何錢
何某へ　金何圓何錢
何某へ　金何圓何錢
（三）議員候補者、選擧事務長又ハ選擧委員ニ非サル選擧運動者　金何圓何錢
何某へ　金何圓何錢
何某へ　金何圓何錢
（四）勞務者　金何圓何錢
何某へ　金何圓何錢

何某へ

金何圓何錢

備考

一　衆議院議員選擧法第三十七條ノ規定ニ依リ投票ヲ行フ場合ニ於テハ別ニ精算屆書ヲ作成スヘシ

二　精算ノ屆出ハ最後ニ選擧事務長ノ職ニ在リタル者ヨリ之ヲ爲スヘシ

三　實費辨償ノ項ニハ支出明細ノ項ニ記載シタルモノノ中實費辨償ニ係ルモノヲ重ネテ記載スヘシ

【質疑回答】

一　選擧運動ノ費用ノ精算屆出書ハ選擧期日ノ翌日ヨリ起算シ十四日以内ニ經由警察官署ニ到達スルコトヲ要スルモノトス(内務省問合)

二　精算ノ屆出ヲ爲スヘキ選擧運動ノ費用ハ衆議院議員選擧法施行令第六十四條ノ規定ニ依リ支出簿ニ記載シタル總テノ費用ナリトス(内務省問合)

三　選擧運動ノ費用ノ精算ヲ爲シ且其ノ屆出ヲ爲スヘキ義務ヲ負擔スル選擧事務長ハ選擧期日ニ於テ現ニ其ノ任ニ在リタル選擧事務長トス若シ其ノ期日ニ於テ第九十五條ノ規定ニ依リ選擧事務長ノ職務ヲ代リテ行フ者アリタル場合ハ其ノ職務代行者ニ於テ右ノ義務ヲ負擔ス(内務省問合)

四　問　議員候補者若ハ選擧事務長ト爲リタル者カ立候補屆出前ニ於テ演説若ハ推薦狀ニ依ル選擧運動ノ爲支出シタル費用及他人カ其ノ者ト意思ヲ通シテ立候補屆出前ニ於テ演説若ハ推薦狀ニ依ル選擧運動ノ爲支出シタル費用ハ孰レモ法第百一條第一項若ハ法第百四條第五號ニ所謂立候補準備ノ爲ニ要シタル費用ニ包含セラルルモノト解シ之ヲ當該候補者ノ選擧運動費用中ニ加算スヘキモノトス從テ選擧事務長ハ其ノ就任後遲滯ナク衆議院議員選擧法施行令第六十條ノ規定ニ準據シテ議員候補者又ハ支出者ニ就キ右費用ノ精算書ヲ作成スルコトヲ要スルモノトス(内務省問合)

答　貴見ノ通

五　問　衆議院議員選擧法第百六條第一項ニ依レハ選擧事務長ハ選擧運動ノ費用ヲ精算シ選擧ノ期日ヨリ十四日以内ニ警察官署ヲ經テ地方長官ニ屆出ツヘク之ヲ怠リタルトキハ同法第百三十五條ニ依リ處罰セラルヽコトヽ相成居候處右選擧費用ノ屆出ハ選擧期日前議員候補者カ死亡シ又ハ議員候補者タルコトヲ辭シタル場合ニハ之ヲ爲スノ義務ナキモノト解スルヲ相當ト思料致候得共内務省ニ於テハ之ヲ積極ニ解シ居ルヤノ趣ニ有之聊カ疑義相生シ候ニ付貴省ノ御意見拜承致度目下差掛リタル事件モ有之候間至急何分ノ御回示相煩度此段及問合候也(檢事正問合)

答　昭和六年十二月三日附第一一、一一七號問合ノ件ハ議員候補者カ死亡シ又ハ辭退シタル場合ニ於テモ尙屆出ノ義務アルモノト解スルヲ相當ト思考致候(刑事局回答)

六　選擧運動ノ費用ニ關スル帳簿及書類ノ保存義務ヲ負擔スヘキ選擧事務長ハ第百六條ノ規定ニ依ル精算屆出義務ヲ有スル選擧事務長ト同一トス(内務省問合)

七　推薦屆出者選擧事務長ノ職務代行中其ノ推薦屆出者モ亦故障アリテ第九十五條第二項ノ規定ニ依リ議員候補者代リテ其職務ヲ行フ場合ニ於テモ亦當然本條ノ定ムル事務ノ引繼ヲ爲スヘキモノトス(内務省問合)

四　費用支出の監査及制裁

警察官吏は選擧の期日後、何時にても選擧事務長に對し、選擧運動の費用に關する帳簿又は書類の提出を命じ、之を檢査し之に關する說明を求めることが出來る(法第一〇八條)。

選擧費用に關する法の規定に違背した場合には、六月以下の禁錮又は三百圓以下の罰金に處せられる（法第一三五條）。

法第百八條　警察官吏ハ選擧ノ期日後何時ニテモ選擧事務長ニ對シ選擧運動ノ費用ニ關スル帳簿又ハ書類ノ提出ヲ命シ之ヲ檢査シ又ハ之ニ關スル說明ヲ求ムルコトヲ得

法第百三十五條　左ノ各號ニ揭クル行爲ヲ爲シタル者ハ六月以下ノ禁錮又ハ三百圓以下ノ罰金ニ處ス

一　第百五條ノ規定ニ違反シテ帳簿ヲ備ヘス又ハ帳簿ニ記載ヲ爲サス若ハ之ニ虛僞ノ記入ヲ爲シタルトキ

二　第百六條第一項ノ屆出ヲ怠リ又ハ虛僞ノ屆出ヲ爲シタルトキ

三　第百七條第一項ノ規定ニ違反シテ帳簿又ハ書類ヲ保存セサルトキ

四　第百七條第一項ノ規定ニ依リ保存スヘキ帳簿又ハ書類ニ虛僞ノ記入ヲ爲シタルトキ

五　第百八條ノ規定ニ依ル帳簿若ハ書類ノ提出若ハ檢査ヲ拒ミ若ハ之ヲ妨ケ又ハ說明ノ求ニ應セサルトキ

【質疑回答】

一　問　犯罪捜査上必要アルトキハ選擧ノ期日前ト雖警察官吏ニ於テ選擧事務長ニ對シ選擧運動費用ニ關スル帳簿又ハ書類ノ提出若ハ檢査ヲ求ムルコトヲ得ルモノト解スヘキヤ（福岡檢事正問合）

答　求ムルコトヲ得ス但シ刑事訴訟法上許サレタル行爲ハ此ノ限ニ在ラス

二　本條ノ選擧事務長ノ中ニハ一度選擧事務長タリシ者又ハ第九十五條ノ規定ニ依リ選擧事務長ノ職務ヲ代リテ行ヒタル者ノ總テヲ包含ス（內務省問合）

第三章　罰　則

第一節　緒　言

現行衆議院議員選擧法は第五十議會に於て其の改正法案が通過し、大正十四年法律第四十七號を以て公布せられた。之が我國最初に於ける普通選擧法にして、之に依つて參政權の擴張と罰則に於て革期的の大改正が行はれたのであるが、爾來數回の選擧に於ても尙且つ選擧犯罪の跡を絕たざるのみならず、買收犯の如きは年々增加の傾向あるに鑑み、政府は第六十五議會に於て再び罰則の大改正を行ひ、嚴罰を以て臨むべく改正法案を提出し、遂に其の通過を見、昭和九年の改正となつたので、其の效果に付ては大に期待して居るところである。而して之が適用は衆議院議員選擧のみならず、府縣會、北海道會、市町村會、市制第六條の市の區會等各種地方議會の議員選擧にも準用せらるゝことになつて居り、著者が本書に於て講ぜんとする府縣會、北海道會議員選擧に於ても、曩に述べた通り選擧運動に關する事項及罰則が準用さるることゝなつて居るのである（府縣制第四〇條）。以下各本條に從つて逐次說明することゝする。

府縣制第四十條　府縣會議員ノ選擧ニ付テハ衆議院議員選擧法ニ關スル罰則ヲ準用ス

第二節　詐僞登錄の罪

詐僞登錄の罪は、詐僞の方法を以て選擧人名簿に登錄せらるることに依つて成立する（法第一一一條前段）。

（一）主　體

本罪の主體に付ては法は何等之を限定して居ないから、苟も刑事責任能力を有する者は總て本罪の主體たり得るものと解しなければならぬ。選擧權の無い者卽ち選擧人名簿に登錄さるゝ資格の無い者が本罪の主體となり得るは勿論であるが、余は選擧人名簿に登錄せらるゝ資格ある者でも本罪の主體となり得るものと解する。何となれば本條を設けた法の趣旨は選擧人名簿の正確を保持せしむる爲に、不正の方法を以て名簿に登錄を要求し、依つて以て名簿に誤謬を生ぜしむるが如き行爲を排斥するにあるが故である。

（二）行爲

詐術僞計を用ゐて、選擧人名簿の調製又は修正の權限ある者を錯誤に陷れ、依つて當該選擧人名簿に登錄せしむるを要する。詐術僞計の手段の如何は之を問はない。唯相手方を錯誤に陷らしむるに足ることを要する。而して其の錯誤は選擧人名簿に登錄すべきや否やを決する事項に限ること勿論にして、縱令其の申告した事項に虛僞の點があるとしても、登錄すべきや否やを決する事項でない場合には本罪を構成しない。例へば法第六條の第三號に該當する者が、體裁上「貧困に因り救助を受くるもの」なることを明言するを恥ぢ、扶助を受くる者でないと詐り、選擧人名簿に登錄せられたりとするに、その選擧人名簿に登錄せらるゝことの認識あり、且積極的に欺罔の行爲がありとすれば法第百十一條に該當する。然し乍ら、本人がその兄弟又は知人の名義を使用して屆出を爲した爲、その兄弟知人が選擧人名簿に登錄せられたりとするも、未だ本人に付第百十一條の犯罪は成立しない。

尙、法文には「登錄せられたる者」とあるから、縱令詐欺の方法を用ゐたとしても未だ選擧人名簿に登錄せられない者は本罪を構成しない。

詐欺の方法を以て選擧人名簿に登錄せられたる者が、更に投票を爲したるときは、本條及第百二十七條第二項を適用される。

法第百二十條　詐僞ノ方法ヲ以テ選擧人名簿ニ登錄セラレタル者又ハ第二十五條第二項ノ場合ニ於テ虛僞ノ宣言ヲ爲タル者ハ百圓以下ノ罰金ニ處ス

【質疑回答】

一　問　前科ヲ隱蔽センカ爲メ其ノ兄弟若クハ知人ノ名義ヲ使用シ居住ノ屆出ヲ爲シタル結果選擧人名簿ニ登錄セシメタル場合ハ本條ノ制裁アルヤ（廣島檢事正問合）

答　本人カ其兄弟若クハ知人ノ名義ヲ使用シ屆出ヲ爲シタル爲其ノ兄弟知人カ選擧人名簿ニ登錄セラレタリトスルモ未タ本人ニ付本條ノ犯罪成立セス

二　問　法第六條ノ第三號ニ該當スル者體裁上貧困ニ因リ救助ヲ受クルモノナルコトヲ明言スルヲ恥チ扶助ヲ受クルモノニアラスト詐リ選擧人名簿ニ登錄セラレタル場合本條ノ違反ナルヤ（廣島檢事正問合）

答　選擧人名簿ニ登錄セラルルコトノ認識アリ且積極的ニ欺罔ノ行爲アリタルニ於テハ本條ニ該當ス

第三節　虚僞宣言の罪

虚僞宣言の罪は、投票を爲さんとするに當り、投票管理者より其の本人なる旨の宣言を求められたる際虚僞の宣言を爲すに依りて成立する（法第一一一條後段）。虚僞の宣言を罰するは、投票管理者に於て、選擧人が果して選擧人名簿に登錄せられたる本人であるか否かを確認することが出來ないときに、其の本人に相違なき旨を宣言せしめる場合、其の宣言の眞實性を確保するが爲に設けたものである。

（一）主　體

本罪の主體に付ては、詐欺登錄の罪の場合と同樣、何人たりと雖も差支なく、且其の目的動機の如何を問はない。

（二）行　爲

本罪の行爲は、本人に非ざる者が本人なりと詐稱することを要する。但し此の宣言は選擧の當日投票所に於て、投票管理者の要求に依つて爲されたることを要する。要求なきに拘らず自ら進んで詐つて本人なりと詐稱し投票するは第百二十七條の罪とはなるが、本罪を構成しない。

尙、本罪は虚僞の宣言を爲したことに依つて成立し、投票を爲したるや否やは本罪の成立に關係がない。

第四節　買收の罪

選擧犯罪中買收の罪は、選擧法中最も適用の多い條文で選擧犯罪の大部分は此條文に該る違反行爲であるといつても過言ではない。買收の罪は之を(一)選擧人又は選擧運動者に對する買收罪(二)所謂選擧ブローカー並に常習買收犯及(三)議員候補者又は當選人に對する買收罪の三に分つ。更に之を分つて(一)狹義の買收の罪(二)利害關係利用に依る誘導の罪(三)事後の報酬供與の罪(四)各行爲の應諾又は要求の罪(五)金品交付に關する罪(六)各行爲の周旋勸誘の罪(七)選擧事務に關係ある官公吏及警察官吏の買收罪の七とする。以上の中(五)及(七)は昭和九年の改正に依つて新に加へられたものである。

第一款　選擧人又は選擧運動者に對する買收罪

第一項　狹義の買收罪

狹義の買收罪は、當選を得若は得しめ又は得しめざる目的を以て、選擧人又は選擧運動者に對し、金錢、物品其の他の財產上の利益若は公私の職務の供與、其の供與の申込若は約束を爲し又は饗應接待、其の申込若は約束を爲すことに依つて成立する（法第一一二條第一項第一號）。

法第百十二條　左ノ各號ニ掲クル行爲ヲ爲シタル者ハ三年以下ノ懲役若ハ禁錮又ハ二千圓以下ノ罰金ニ處ス

一　當選ヲ得若ハ得シメ又ハ得シメサル目的ヲ以テ選擧人又ハ選擧運動者ニ對シ金錢、物品其ノ他ノ財產上ノ利益若ハ公私ノ職務ノ供與、其ノ供與ノ申込若ハ約束ヲ爲シ又ハ饗應接待、其ノ申込若ハ約束ヲ爲シタルトキ

（一）　主　體

本罪の主體は二つに分けて之を考へることが出來る。自己の爲めに當選を得ることを目的として犯す場合には、議員候補者でなければ之を犯すことが出來ないが、他人をして當選を

得しめ又は得しめざらんが爲めには、議員候補者以外の者に於てのみ之を犯すことが出來る。但し議員候補者と雖も他人の爲めに當選を得しめ又は得しめざる目的を以てする場合には、議員候補者以外の者の犯す場合と同樣の立場にあること勿論である。

尙、法第百十二條第一號の罰則は獨り議員候補者のみに限らず、その他事實上立候補の意思を決定して之を外部に發表した者、卽ち議員候補者たらむとする者並に第三者が、金錢其の他の利益を以て選擧を左右せんとすることを處罰し以て選擧の公正を保持することを目的とするものであるから、苟も此等の者が同條所定の行爲を爲した以上は、直に同條犯罪の成立を認むべきもので、議員候補者たらんとする者が後日同法第六十七條に依り立候補の屆出を爲したると、其の屆出を斷念したるとは右犯罪の成立に何等の影響を及ぼすべきものではない（昭和九年（れ）第四一九號大審院判決）。

（二）　相手方

本罪の相手方は選擧人及選擧運動者である。

(1)　選擧人。選擧人とは一定の選擧區內に於て、選擧人名簿に登錄せらるべき資格を有し、現に其の選擧區内の選擧人名簿に登録せられたる者、又は選擧人名簿に登録せらるべき確定判決を受けた者を云ふ。故に選擧權を有する資格のある者でも、何等かの理由で、實際に選擧人名簿に登録せられて居ないか、又は登録せらるべき確定判決を受けて居ない者は法第百十二條第一號に謂ふ選擧人ではない（大正十五年五月十八日大審院判決同趣旨）。選擧權なきに拘らず誤つて選擧人名簿に登録せられたる者を買收した場合如何と云ふに、矢張本條第一號に該當すると解すべきである。

本號に謂ふ選擧人とは、其の關係選擧區内の選擧人であること勿論である。何となれば選擧人なる地位は其の選擧區との關係に於て生ずるものであるから、特定の選擧區の選擧人は他の選擧區に於ては最早選擧人たる地位を有することを得ないからである。

(2) 選擧運動者。選擧運動者とは一定の議員候補者の爲に、事實上選擧運動を爲す者の全部を云ふ。法に定められた選擧運動者は選擧事務長、選擧委員等であるが、本號の選擧運動者は、之等の者以外に事實上選擧運動に從事する者の全部を包含するは勿論、又現實選擧運動に着手した者なることを要せないから、苟も選擧運動の請託を受け、之を承諾した者は其の法定の選擧運動者として選任せられたると否と、又現實選擧運動に從事したると否とに論なく、之を選擧運動者と認むるに何等の妨げない（昭和七年大審院判決）。

又判例は、必ずしも選擧運動に從事せむことの請託を承諾した者なることを要せないとし（大正六年六月十五日大審院判決）「報酬供與當時現に選擧運動に從事し居たる者なることを要せざるは明白にして、將來に於て選擧運動に從事せむことの請託を受け、其の請託を拒絕したる者と雖も、之を請託者の方面より觀察すれば、仍選擧運動者と認めざるを得ざるは勿論（昭和四年（れ）第一五六九號、昭和二年（れ）第一七六四號、昭和四年（れ）第五〇九號大審院判決）であると云つて居る。

（三）　犯罪の目的

本號の犯罪が成立するが爲には一定の目的を以てすることを必要とする。卽ち(1)自己が當選を得んとすること、(2)他人をして當選を得せしめんとすること、(3)他人をして當選を得せしめさらんとすること、の三つの中の一を希望して犯したものであることを要する。故に偶選擧人又は選擧運動者に供與又は饗應接待を爲したりとするも、單に社交上の儀禮として之を爲し、又は贈賄の目的の爲に爲したりとするならば、他の犯罪成立するとするも、本號の犯罪は成立しない。

（四）行　爲

本號の罪の實行行爲は　(1)金錢、物品其他の財産上の利益若は公私の職務を供與し、(2)其供與の申込若は約束を爲し又は　(3)饗應接待を爲し、(4)其申込若は約束を爲す事にある。

(1)　金錢、物品其他の財産上の利益の供與。金錢、物品が財産上の利益であることは勿論で、法文は其の一例を示したるに過ぎぬ。茲に其他の財産上の利益とは、汎く人の需要若は欲望を滿足せしむべき生活利益を指稱するもので、必ずしも財産上の價値ある事物のみに限定した趣旨ではない。金錢の消費貸借に因つて人の需要を滿足せしむる以上は、又財産上の利益を受けたるものと謂ふことが出來る（各大審院判決參照、大正元年十二月五日大審院判決、大正六年大審院判決同趣旨）。又、商人が其の營業の範圍内に於て取引の申込を受けるは、其の欲求を滿足せしむる所以にして、顧客は商人より見て一種の利源たるを失はない。故に之を目して財産的利益と稱するも毫も不可はない（大正三年十二月五日大審院判決）。

選擧に際して政見を掲載した新聞雜誌を有權者に配付するは、一般に行はれるところであるが、例へば貴重なる一票云々と題する小册子を、候補者に於て自己の政見發表の代りに有權者に配付するは利益の供與とは認められないが（大正六年四月六日法務局長通）、候補者某の人物を賞揚し、市民は宜しく彼を推薦せざるべからざる意味の記事を掲ぐる定價十七錢の雜誌世界公論を、有權者に、世界公論社の帶封を施し、見本進呈の記號を捺し送付するは、發行者に於て雜誌賣擴めの爲めに配付したもので、選擧に關係ないときは固より起訴すべきものではない。若し選擧に關係したものであるときは、假令直接に利益を與へ投票を依賴する意思ではないとしても、定價十七錢の雜誌を贈與したる以上は利益の供與と認むべきものである。（同上）

供與とは金錢、物品其の他の財產上の利益を相手方に提供贈與することを意味する。供與の方法に付ては、法は何等之を限定しないから如何なる方法を以てするも可なりである即ち供與すべき個々の財產上の利益如何に依つて供與の方法手段は自ら異らざるを得ない金錢、物品ならば相手方本人に手交するか、又は相手方の代理人に手交するを以て足り、債權ならば之を相手方に讓渡する行爲の完了を以て既遂となる。但し金錢、物品の供與には直接又は間接に金錢、物品を選擧人又は選擧運動者に交付し、其の取得に歸せしめた事實がなければならぬ。單に選擧人又は選擧運動者に交付せんが爲、第三者に委托した事實のみでは未だ以て供與ありと云ふことは出來ない（大正七年三月五日大審院判決）。供與者が相手方の家族に金錢、物品を供與したる場合には、各場合の實際の事情を考慮して判斷しなければならぬが、判例は「選擧有權者に金員を交付する目的を以て其の不在の際、之を其妻に交付したるは、別段の事情なき限り、法律上之を選擧有權者に交付したると同視し得べきもの」（大正四年大審院判決）としてゐる。

供與とは供與の申込と異り、供與を受ける者に於て之が受領を爲した事實あることを要し（大正十五年五月二十七日大審院判決）、受領の事實のあつたときに犯罪が成立する。故に例へば

A　甲が乙に對し、衆議院議員候補者の爲、區內選擧人の投票買收方を依賴し、其の選擧運動報酬を包含する投票買收として金二十五圓を供與した、然るに其の金は、甲が曩に丙に

三百餘圓を渡してある中から乙が貰ふべきものを、後日乙が丙から交付を受けたときは、之を甲に返還すべき條件の下に甲から供與を受けたものである。此場合に於ても、乙が丙から金員の交付を受けることは將來且未必のことに屬し、縱令交付を受け之を甲に返還することゝなるも一旦授受した以上は授受の時に犯罪が成立し、消滅することはない（昭和八年（れ）第九七八號大審院判決）。

B　法定の選擧運動者に非ざる者が、議員候補者の爲、投票並選擧運動を爲すことの報酬及運動資金として、選擧委員から金員を收受したるときは、假に其の受けた金員の一部を遺失したとするも供與を受けた罪の成立を阻却することなく、其の受けた金員は法第百十四條の所謂收受した利益に外ならぬ。從つて沒收又は追徵を免れない（昭和八年（れ）第一九四八號大審院判決）

C　法第百十二條第一號又は第四號の犯罪の成立には、利益の供與を受ける者に於て、該供與に因り特定の候補者の爲、投票又は選擧運動を爲すことを決意し、若は其の決意を變更したことを要するものではない（昭和八年（れ）第七七八號大審院判決）。

D　議員候補者に當選を得しむる目的を以て、選擧人に對し、投票所に到る迄の汽車切符及辨當若は旅費、辨當代を供與するは、法第百十二條第一號又は第三號の犯罪を構成する。その金品を供與したる選擧人が、自分の雇人であるとするも犯罪の成立を阻却するものではない（昭和八年（れ）第一六八六號大審院判決）

(2)　公私の職務の供與

公私の職務の供與とは、相手方の爲めに一定の勤勞に服すべき地位を與ふることである即ち官吏公吏の職に就かせ會社、銀行、商店員に採用するが如きを云ふのである。此處に公私の職務の供與とは、必ずしも供與する者自身に於て職務を與ふる場合のみに限ることなく、他に周旋する場合をも含むと解すべきである。

(3)　供與の申込若は約束

法は現實に供與せる場合のみでなく、供與の申込若は約束を爲した場合をも罰して居る供與申込とは、當選を得若は得しめ又は得しめざる目的を以て、選擧人又は選擧運動者に對し、金錢物品等財産上の利益を歸せしむることの意思を表示したことを意味するのである（昭和七年（れ）第一〇〇九號大審院判決）。之に依つて相手方が承諾すれば供與の約束となり、現實に相手方に利得を取得せしむれば供與となる。

供與の意思は必ずしも明示の方法に依ることをしない。相手方をして其の意思を了解せしめ得べき事情の下に於て、之に關連する言語擧動に依り其の意思を相手方に通ずるも所謂供與の申込に外ならない（大正六年九月十九日大審院判決）。供與の申込たるには相手方の承諾を必要としないことは前述の通りにして、又相手方が供與の申込のあつたことを知らなかつたとするも本罪の構成に差支ない。又、申込に係る利益が被申込人に於て確實に之を享有し得べきものなることを要しない。不確實な利益と雖、因つて以て選擧有權者等を誘惑し選擧の公正を害し得べきものなる限りは、之を所謂利益と解し得べきである（大正四年九月二十八日大審院判決）。從つて選擧に關し選擧人に對し禮金を供與すべきことを申込んだ以上は、金額を確定したると否とを問はず、犯罪が成立する（大正六年大審院判決）。

供與は申込が直接なると間接なるとは之を問はない（大正四年大審院判決）。選擧人又は選擧運動者に對し、自身に其他の利益を供與し若は供與の申込を爲した者は勿論、他人を介して間接に其の供與又は供與の申込を爲した者をも包含する（同上）。然し乍ら、議員候補者が選擧運動者に對し「選擧人に金錢を供與する」と申込んだだけで、選擧人に通じなかつたのみでは、選擧運動者に對しても選擧人に對しても供與の申込を爲したものと云ふことは出來ない。

(4)　饗應接待

饗應接待とは酒食其他遊興の資料を提供し、他人を歡待することを云ふ。酒食の提供が饗應接待たるが爲めには、幾分の娯樂的分子を包含することを要し、依つて以て相手方に慰安快樂を與ふるものたることを要する。然れども、相手方が之に依つて必ずしも慰安を得快樂を享受したることを要しない。例へば飲酒を欲せざる人を宴會に招待して偶々苦痛を與ふることあるも、饗應接待となる。而して饗應接待たるが爲には、膳羞の豐菲、價値の多寡の如きは必ずしも問ふ所ではない（大正六年十一月二十六日大審院判決）が、法定選擧運動者に對し、選擧運動の爲めに要する飲食物を提供するは、其の必要の程度を越えざる範圍に於て、利益供與罪又は饗應罪を構成しない。

饗應接待が犯罪となるは選擧に關する場合に限る。換言すれば、饗應接待が選擧運動者又は選擧人に對する報酬又は謝禮の意味を有する場合に於てのみ犯罪となるものにして、單に一般社交上の禮儀に從つて常食時に相當の飮食物を供給するが如きは、假令其の被供給者が選擧運動者なる場合に於ても罪とならない（大正四年大審院判決）。食事の供與が報酬謝禮の意に出でたるものであるか、將た社交上の禮儀に對するかは、其の被供與者が選擧有權者たると選擧運動者たるとを問はず、專ら食事の價格、供與の時刻其他の事情に依つて判定すべきものである（同上）。而して饗應の物品の數量又は價格を算定するに付ては饗應者の提供したる飮食物の數量又は價格に依るべきもので、被饗應者が現實に飮食した數量又は價格に依るべきものではない（同上）。

而して選擧に關し、選擧運動者に於て選擧有權者を饗應接待する以上は、之が饗應を受けたる者が其の事實を知つたと否とに拘らず、選擧運動者に對し其罪を構成する（大正六年九月十四日大審院判決）。

次に、饗應接待となるや否や、事例を擧げて見よう。

（イ）饗應接待となる場合

○工場主が所屬職工の投票を得る目的を以て、該職工の家族を花見の宴に招待し、多額の費用を支出して之を饗應し、其の父兄若は夫たる職工を勸誘して自己に投票せしむべく依頼せる行爲は、法第百十二條第一號當選を得る目的を以て選擧運動者に對し、饗應接待を爲したるときとあるに該當する。

○演說會の辯士に對し報酬を與へ又は選擧運動に必要なる程度を超えたる飮食物の供與を爲すことは、法第百十二條第一號の犯罪を構成する。

○選擧人が旅館若は料亭に於て飮食を爲す際、美貌の女子をして之が給仕に侍らしめ杯盤の間秋波を送りつつ其の候補者に投票を求むる旨申込ましめたるは、法第百十二條第一號の違反である。

○衆議院員議候補者たる人の依頼に因り、選擧有權者の集合に於て之を推薦すべき旨を演述し、其勞に對して右候補者一派の有志者が供與したる酒食の饗應を受けたときは、衆議院議員選擧法第八十七條第一項第二號（舊法）の所謂選擧に關して饗應を受けたるものに該當する（大正元年大審院判決）。
○選擧運動の慰勞と自己の當選の祝賀を兼ね、酒宴を設け酒食の饗應を爲し、又其饗應を受くることは衆議院議員選擧法第八十七條第一項第二號（舊法）に所謂選擧に關し、酒食を以て人を饗應し又饗應を受けたるものに外ならぬ（大正二年大審院判決）。
○議員候補者の信用を維持し、投票の減少を免るゝ目的を以て、不利益な記事の掲載を中止せしめる爲め饗應を爲すが如きは、衆議院議員選擧法第八十七條第一項第二號（舊法）の罪を構成する（大正四年大審院判決）。
○苟も選擧に關する報酬として酒食の饗應を爲す以上は、其饗應の時刻の如何を問はず、又常食の程度を超ゆるや否を問はず、町村會議員選擧違反の罪を構成する（大正六年六月十六日大審院判決）。

（ロ）　**饗應接待とならぬ場合**

○選擧運動者に對し、其選擧運動に付き必要なる飲食物を供與することは、同號の所謂饗應の觀念中に包含しない（大正元年大審院判決）。

○一家の慣例上年々催すべき祝宴に於て偶々有權者に對し、或候補者を選擧せんことを勸誘するが如きは、衆議院議員選擧法違反罪を構成するものではない（大正四年大審院判決）。

○報酬又は謝禮の意味を有せず、單に社交上の禮儀に從ひ常食の時期に相當の飮食物を供給するが如きは、縱令其被供給者が選擧運動者である場合と雖も衆議院議員選擧法違反罪を構成しない（大正四年大審院判決）。

○選擧後に於て當選者が祝意を表する爲に、選擧人、選擧運動者に非ざる選擧に關係ない親族故舊を招請して賀筵を張る如きは、選擧に關し人を饗應するものでないから犯罪を構成しない（大正二年大審院判決）。

○議員候補者政見發表演說會開催に際し、活動寫眞を映寫し觀覽せしめた場合に於て其映畫は單に普通宣傳の爲のみにして、他に娛樂的分子を包含しないときは法第百十二條第一號に該當しない。

第二項　利害關係利用誘導罪

利害關係利用誘導罪とは、當選を得若は得しめ又は得しめざる目的を以て、選擧人又は選擧運動者に對して、其の選擧人、選擧運動者自身又は其者に關係ある社寺、學校、會社、組合、市町村等に對する用水、小作、債權、寄附其他特殊にして直接なる利害關係を利用して誘導したることに依つて成立する罪である（第百十二條第二號）

法第百十二條第一項

二　當選ヲ得若ハ得シメ又ハ得シメサル目的ヲ以テ選擧人又ハ選擧運動者ニ對シ其ノ者又ハ其ノ者ノ關係アル社寺、學校、會社、組合、市町村等ニ對スル用水、小作、債權、寄附其ノ他特殊ノ利害關係ヲ利用シテ誘導ヲ爲シタルトキ

本號の罪の主體、相手方及犯意等に付ては、總て前項に述べたところと同樣であるから、此處にその説明を省略する。

（一）　本號所謂利害關係とは、或一定の事實が選擧人若は選擧運動者自身の利害に關係あるか、又は是等の者の關係ある社寺、學校、會社、組合、市町村等の利害に、影響を及ぼすべき關係を云ふのである。而して利害關係の種類には何等の制限なく、法第百十二條に所謂其の者の關係ある社寺學校會社云々とあるは、單に例示に過ぎない。必ずしも法人格ある者に

對する利害關係たるを要しない（昭和九年(れ)第四二六號大審院判決）。卽ち利害關係の內容は公法的のものたると私法的のものたるとを問はない。

亦その利害關係は必ずしも現在のものたることを要せず。將來のものも亦法に所謂利害關係たるに妨げないのである。其の發生の未必的なると確定的のものたるとをも區別しない（大正六年七月二日大審院判決）。

然れども旣往の利害關係は之を含まないと解すべきである。判例は「旣往の利害關係は第八十七條第四號（舊法）に該當せざるは勿論、單に旣往に於て表示したる好意を利用し、選擧に選擧人を誘導することあるも、之に因り現在若は將來の利害關係に何等交涉を生ぜざる場合に於ては、同條に所謂利害關係を利用したるものと謂ふを得ず」（大正五年二月十六日大審院判決）と云つて居る。

（二） 利害關係は直接にして特殊のものに限る。大正十四年の普選法以前は單に利害關係と謂つて、其の範圍を明確にしなかつたが、大正十四年の改正法は利害關係の範圍を明確に限定し、其の利害關係は選擧人、選擧運動者又は其の者の屬する團體に直接利害を及ぼす關係にあること、其の關係は國家の全般の利害に關するものではなくして、特に局限せられた範圍に於ける利害なることを要する趣旨を明にした。

直接の利害關係とは、誘導を受ける選擧人、選擧運動者又は是等の者の關係ある社寺、學校、會社、組合、市町村等にとつて直接關係あることを云ふのである。其の關係が間接である場合を含まない。

利害關係が直接であつても、特殊の利害關係でなければ本號犯罪の構成要件とはならない此處に特殊とは、選擧人、選擧運動者又は是等の者に關係ある社寺、學校、會社、組合、市町村等にとつてのみ特別に利害關係ある場合を云ふのである。例へば或問題に對する利害關係が一般國民に廣く及ぼすことなく、一定の範圍に局限せられ、その局限せられた範圍の者のみに利害關係を及ぼすが如きを云ふ。次に其の一例を示す。

市會議員選擧に際し立候補した者が、政見發表演說會に於て多數選擧人を交へた聽衆に對し、自己の當選を得るの目的を以て、市營バスの路線中AよりBを經てCに至る第一號線、CよりBを經てDに至る第二號線は五分毎に發車するに比し、此のE町よりF町を經てBに出で、夫れよりGに至る第三號線は十分毎に發車するにより、時には三十分待たなければ乘車が出來ない爲め、他の路線バスから折角貰つた乘車券も之を使用することが出來ず、寧ろ歩く方が早いと云ふ樣なことも度々あり、同じ市民でありながらE町民は不利な立場に置かれて居る。斯樣な不合理なことは宜しく改正しなければならぬ。若し自分が當選した上は此の不合理は改正する樣盡力する旨演述した行爲は、E町方面に對する特殊の直接利害關係を利用して誘導を爲したものである（昭和九年(れ)第四二六號大審院判決）。

本號の犯罪が成立するには、上述の如く誘導せられたる利害關係が特殊であり直接であることを要するのであるから、例へば或候補者が當選を得るの目的を以て、國家全般の具體的政策問題に付いて其の政見を發表し投票を求めた場合に於て、其の政策を實行した曉に於てそれが國家全般に利害關係を及ぼすものであつたならば、縱令之が爲めに一地方の民衆に利害關係の影響することがあつても、之を以て特殊の直接利害關係と云ふことは出來ない。之に反して其の利害關係が或一地方に局限した問題であつたならば、偶々其の利害關係が延いて國家全般の利害關係に多少の影響を及ぼすことありとするも、それは特殊の利害關係たるを失はぬ。何となれば法第百十二條第二號に所謂特殊直接利害關係は、或地方に關する排他獨占の利害關係たることを要さない（昭和九年（れ）第四二六號大審院判決）からである。

而して具體的の場合に於て、或利害關係が特殊の直接利害關係であるか否かは各具體の場合に總ての事情を綜合し判斷すべきであつて、一般的標準を設けて之を律することは出來ぬ。唯、之を區別する標準は客觀的標準に依るべきものであつて、誘導を爲す者の主觀的標準に依るべきでないことは勿論である。之に關し内務省は左の如き見解を發表して居る。

(1) 政見を發表する爲め帝國全體に亘る政治關係を一般的に論議するは毫も法律に牴觸する所はない。卽ち其の論議にして選擧人の利害に關係ある場合に於ても差支ないのである。例へば道路改築を主張して、縣道其の他の道路を改善する爲め國庫をして補助金を支出せしむるを相當なりと論じ、又は小學校を發展せしむる爲め市町村に對し國庫補助を爲すことを論ずるが如き、地方的特殊に限定せざるものは、何れも一般的の議論であつて政見發表の行爲としてである。

(2) 地方の利害關係を具體的に論ずることは、特殊の利害關係を利用ずることになるのであるから、其の利害關係にして選擧人又は選擧人の屬する團體に直接なる限り之を論議してはならぬのである。例へば此の町に學校又は停車場を建設すると論ずるが如きは、卽ち選擧人の屬する團體に直接することになるから法律違反である。併し多少具體的のものであつても特殊にして直接なる利害關係でない限り論議しても差支ない。例へば山岳地方に於て植林施設を必要なりと論じ、又は海岸地方に於て水產施設を要すると論ずるが如き、其の施設を何れの町何れの村に爲すと限定して論ぜざる限り法律上差支ないことである。玆に議論となるのは國の利害關係たとへば鐵道の停車場、國立圖書館を設置することを論ずる場合、之れは選擧人又は選擧人の團體に直接した利益と云ふことは出來ないのであるから、法律上差支ないことであると論じてはないが、此の事丈は今日未だ適法であると認められて居ないから差控へねばならぬ。要するに利害を有する人間及場所を局限して論ずることは今日に於ては許されない事柄である。

（三）誘導とは一定の事項に付いて相手方の決意を促し、又は既に存する決意を助長させることである。其の結果、相手が其の誘導に依つて決意したか否か、又は相手方が之を諾したるや否やは單に其の相手方の犯罪の成否に影響するに止まり、誘導の罪とは何等の交涉はない（大正四年四月二十七日大審院判決）。又、相手方が特定人たると不特定人たるとは問はないのである。誘導の際候補者の確定し得ると否とをも問はない（大正六年七月十日大審院判決）。

誘導の方法に付いては、その言語に依ると文書に依るとを問はず。選擧に關し直接に利害關係を利用して選擧人を誘導した場合のみでなく、他人を介して間接に誘導した場合をも包含する（大正五年五月二十二日大審院判決）。

（四）　誘導罪と法益の個數に關して問題があるが、法第百十二條第二號に所謂誘導罪は、其の法益とする所は、選擧に關する自由公正なる公共的單一の利益に外ならないので、各選擧人に對する箇別的の利益ではない。故に犯人が單一の行爲を以て數人の選擧人に對し、特殊の直接なる利害關係を利用して誘導を爲したときは、一行爲數個の罪名に觸れるものではなくして、之を包括的に觀察し、單純な一個の犯罪と解するを正當とする。然し乍ら、同じく犯人が單一意思の發動に基くも連續せる數個の行爲を以て數人の選擧人に對し、時を異にして順次に上叙の誘導行爲に出でたときは、刑法總則第五十五條を適用し、連續一罪として處斷すべきものである（昭和七年（れ）第一二二一號大審院判決）。

法第百十二條第二號に所謂誘導罪に該當する行爲が、一面に於て無資格選擧運動にして、法第九十六條、第百二十九條に觸れるときは即ち一個の行爲にして數個の罪名に觸るる場合に該當し、刑法第五十四條、第一項前段、第十條に依り重き罪に付き定めた刑に從ひ處斷すべきものである（昭和七年（れ）第一二二一號大審院判決）。

第三項　事後に於ける報酬供與の罪

事後に於ける報酬供與の罪とは、投票を爲し若は爲さざること、選擧運動を爲し若は止めたること又は其の周旋勸誘を爲したることの報酬と爲す目的を以て、選擧人又は選擧運動者に對して法第百十二條第一號に掲ぐる行爲を爲すことに依つて成立する（法第一一二條第一項第三號）。換言すれば投票又は選擧運動を爲したる者又は其の周旋勸誘を爲したる者に對して、事後に於て報酬を與へる行爲を罰するの規定である。

法第百十二條第一項

三　投票ヲ爲シ若ハ爲ササルコト、選擧運動ヲ爲シ若ハ止メタルコト又ハ其ノ周旋勸誘ヲ爲シタルコトノ報酬ト爲ス目的ヲ以テ選擧人又ハ選擧運動者ニ對シ第一號ニ掲クル行爲ヲ爲シタルトキ

（二）本罪は他人が(1)投票を爲したこと、(2)投票を爲さざりしこと、(3)選擧運動を爲したこと、(4)選擧運動を爲さざりしこと、又は(5)是等の行爲の周旋勸誘を爲したことに對して、後に至つて報酬を供與する罪である。其の行爲は、選擧人又は選擧運動者に對して金錢、物品其の他の財產上の利益を供與し、若は公私の職務を供與し、又は其の供與の申込若は約束を爲し饗應接待を爲し又は其の申若込は約束を爲すにある。

次に二三の例を示さう。

〇府縣會議員候補者甲の爲に、同一選擧區より乙の立候補を斷念せしめやうと斡旋することは一面に於て甲の當選を得せしめんとする選擧運動であること勿論である。從つて甲の選擧委員となり甲の爲に選擧運動に從事してゐる丙が、乙の爲に諸般の運動を爲してゐる丁に對し丁が、乙の立候補を斷念せしめたる斡旋の報酬として、丁に饗應並に金員供與の約束を爲したる行爲は、府縣制第四十條に依り準用せらるる衆議院議員選擧法第百十二條第三號に該當する（大審院昭和九年(れ)第八六九號判決）。

〇法第百十二條第三號には、單に選擧運動を爲し若は止めたることの報酬と爲す目的を以て選擧運動者に對し、第一號に揭げたる行爲を爲したるときと規定し選擧運動が自派の爲なると他派の爲なるとに付き何等區別するところがないから、縱令自派の爲の選擧運動を止めた場合と雖も、之に包含せらるゝものと解さねばならぬ（昭和七年（れ）第一三三六號大審院判決）。被告人甲に於て、議員候補者乙に投票を爲した當時、被告人丙から金員を供與せらるべきことを豫期しなかつたとするも、之が供與を爲した丙は法第百十二條第三號の罪責を免れることは出來ぬ（昭和八年（れ）一四四七號大審院判決）。

（二） 斯の如く本罪の行爲は總て事後の行爲たることを特色とする。投票又は選擧運動の前に於て報酬を與へる申込又は約束を爲して置いて、選擧が濟んだ後で之を實行するは本罪を構成しない。それは本條第一號の罪である。又、事前に於て將來投票を爲し若は爲さざること、選擧を爲し若は止むることに對して、金錢物品其の他の利益を供與する行爲も同樣、第一號に當る罪であつて、本號に該當する罪ではない。

第四項　受諾若は要求の罪

受諾若は要求の罪は、選擧人若は選擧運動者が法第百十二條第一項第一號若は第三號の供與、饗應接待を受け若は之を要求し、同第一號若は第三號の申込を承諾し、又は同第二號の誘導に應じ若は之を促したるに依つて成立する罪である（法第一一二條第一項第四號）。即ち本號の罪は前數項に於て述べた買收行爲、利害關係誘導行爲、事後の供與行爲を爲した相手方の犯した罪である。

法第百十二條第一項

四　第一號若ハ前號ノ供與、饗應接待ヲ受ケ若ハ要求シ、第一號若ハ前號ノ申込ヲ承諾シ又ハ第一號ノ誘導ニ應シ若ハ之ヲ促シタルトキ

（一）主體

本號の罪は前述の如く、法第百十二條第一項第一號乃至第三號の相手方が、供與、饗應接待を受け若は要求することに依つて成立する罪であり、法第百十二條第一項第一號乃至第三號は選擧人又は選擧運動者に對して犯したる罪を規定した法條であるから、本號の罪の主體は選擧人又は選擧運動者に限定されることゝなる。

（二）行爲

本號の罪の行爲は供與、饗應接待を受け要求し、利害關係利用の誘導に應じ若は之を促し

たことにあるので、是等の行爲を爲したとき直に犯罪成立するのである。例へば
○苟も選擧人又は選擧運動者が、議員候補者の當選を得しむる目的を有する者から投票及選擧運動を依頼せられ、その投票報酬、運動報酬及他の選擧人に供與すべき投票報酬並實費として供與せられた金圓を、その趣旨を諒して受取つた以上は、之に依つて法第百十二條第一項第四號の犯罪は直に成立し、後、その選擧人又は選擧運動者が、その受けた金圓を投票の買收等に使用せず、悉く之を選擧運動の實費に充當したりとするも、之が爲選擧法違反罪の成否に何等の消長を來すものではない（昭和七年(れ)第八六八號大審院判決）。
○立候補屆出前に於て、其の屆出を豫期して其の者の爲に選擧運動を爲さんとする者が、立候補せんとする者に對し、運動の報酬及費用を要求することは、選擧運動の報酬及費用の要求に外ならないから右の如き行爲は法第百十二條第一項第四號の犯罪を構成する（昭和七年(れ)第四七二號大審院判決）。
○丙が丁より衆議院議員候補者の爲、A町及B町に隣接するC村内區域選擧人の投票買收方の依頼を受け、之を承諾したる上金圓の供與を受けたときは、兩人間に於て活動の便宜の爲丁

分擔區域の一部を丙が擔當することゝし、其の結果として割當金額の授與を爲したりとするも法第百十二條第一項第四號の犯罪成立すること勿論である（昭和八年(れ)九七八號大審院判決）。

（三）　犯　意

法第百十二條第一號所掲の犯罪の成立するに付、當選を得若は得しめ又は得しめざる目的を有るものたることを要するは論を俟たないところであるが同條第四號所定の犯罪に在つては、情を知つて如上の目的を以て爲さるる金品の供與、饗應接待を受け、若は要求し又は金品供與等の申込を承諾するに依つて直に成立し、敢て其の供與、饗應接待を受け若くは要求し又は供與の申込を承諾する者に於て、當選を得若は得しめ又は得しめざるの目的意思あることを要しない（昭和八年(れ)第二七一號大審院判決）（昭和八年(れ)第一四四七號大審院判決）。

然し乍ら、受諾する者の側に於て、當選を得若は得しめ又は得しめざるの目的はないとしても、相手方に於て此目的を以て自己に對し、一定の利益を供與し若は其供與の申込を爲し又は利害關係を利用して誘導するものであるといふことを認識して爲したものでなければ、本罪は成立しない。換言すれば何の爲めに吳れたのであるか判らないが、唯吳れるから貰つて置くといふのでは本罪を構成しない。

（四）　本罪と他の犯罪との關係

選擧人が或候補者から投票を依頼され、之を承諾して利益の供與を受けた場合本罪を構成するは勿論であるが、其選擧人が其約束した候補者に投票するの意思を有せず、他の候補者に投票したりとするならば、それは本號の罪と詐欺取財罪とが成立する。

又法第九十八條第百二十九條の罪は、戸別訪問及個々面接に依る選擧運動を禁遏するを目的とし、法第百十二條第一項第四號の罪は、選擧人又は選擧運動者が、投票又は選擧運動を爲すに付金品其の他の利益を收受する行爲を禁止するを目的とするもので、兩者は其の構成要件を異にし、罪質を同じくしない。是等の罪が連續して行はれた場合に於ても、刑法第五十五條を適用して一罪として處斷すべきものではない（昭和八年(れ)第八六九號大審院判決）。

第五項　金品交付

本罪の規定は昭和九年の改正に依つて新に加へられた條項で、法第百十二條第一項第一號乃至第三號に揭ぐる行爲を爲さしむる目的を以て、選擧運動者に對し、金錢若は物品の交付、交付の申込若は約束を爲し、又は選擧運動者が其の交付を受け若は要求し、又は其の申込を承諾するに依つて成立する（法第一一二條第一項第五號）。法第百十二條第一項第一號の罪は供與、供與の申込、供與の約束なる語を用ゐてゐるが茲に供與とは相手方をして利益を得せしむることを要件としてゐるのであるから、例へば選擧運動者が候補者より買收費として金員の寄托を受けたばかりで、未だ一文も使はず、買收に着手しなかつた場合には之を以て供與なりとすることは出來ないから、何等犯罪を構成しない。若し之を此儘に放任して置くときは、投票買收費の名目の下に多額の金圓の交付を受ける所謂選擧ブローカーなる者の取締が出來なくなるばかりでなく、法の不備を利用して種々不正の行爲を爲す者の續出は免れないところで、從來も此の法の間隙を利用して投票買收請負人なる者が跋扈し、隨分と選擧界を荼毒したものである。此弊を矯めんとして今回新に此處罰規定を加へたのである。

法第百十二條第一項

五　第一號乃至第三號ニ掲クル行爲ヲ爲サシムル目的ヲ以テ選擧運動者ニ對シ金錢若ハ物品ノ交付、交付ノ申込若ハ約束ヲ爲シ又ハ選擧運動者其ノ交付ヲ受ケ若ハ要求シ若ハ其ノ申込ヲ承諾シタルトキ

（一）主體及相手方

本號前段の金錢、物品の交付及交付の約束を爲す者に付ては、法は何等の制限を設けてないが、その相手方となる者は選擧運動者に限る。茲に選擧運動者とは前數項に說明した通り必ずしも法定の選擧運動者たること又は選擧運動者として屆出あつた者に限ることなく、苟も實際選擧運動に從事し又は選擧運動を爲すことの請託を受けたならば、此の中に入るのである。後段の交付を受け、要求し、交付の申込を承諾する者は選擧運動者に限ることは當然である。而してその選擧運動者の意義も右と同樣に解すべきである。

（二）目的

本號の犯罪が成立するが爲めには、金錢、物品の交付等を爲し又は受け、要求するに付き法第百十二條第一項第一號乃至第三號に揭ぐる目的あることを要する。

（三）行爲

行爲は交付、交付の申込、交付の約束、交付を受けること、交付の要求及交付の申込を承諾することにある。而して玆に注意すべきは、本號犯罪行爲の目的物が金錢若は物品に限ることである。從て金錢、物品以外の財産上の權利の如きは本罪の目的物とならない。蓋し本罪の性質上無體物を交付することは極めて稀にして處罰の必要を認めないのと、無體物に付本號犯罪類似の行爲が行はれるときは、多くの場合、買收行爲の周旋勸誘として處罰されるからである。

第六項　各行爲の周旋勸誘の罪

本法は法第百十二條第一項第一號乃至第五號に揭ぐる行爲に關して、其の周旋又は勸誘を爲したことにより成立する犯罪である（法第一一二條第六號）。

法第百十二條第一項

六　前各號ニ揭クル行爲ニ關シ周旋又ハ勸誘ヲ爲シタルトキ

その一二の例を揭ぐるに、

選擧に際し選擧委員が、議員候補者に於て自ら當選を得る目的を以て、他の選擧委員に對し其の選擧區内の選擧人の投票取纒、買收饗應並右委員及他の選擧運動者に對する運動報酬等を供與するに當り、其の金額の協定に付關與折衝したときは、即ち斡旋盡力を爲したるものであつて、法第百十二條第五號(改正法第六號)の所謂周旋を爲したものに該當する(昭和八年(れ)第一七九號大審院判決)。

議員候補者が當選を得る目的を以て、選擧人又は選擧運動者に對し、その市町村に對する特殊の直接利害關係を利用して誘導したときは法第百十二條第一項第二號に該當し、誘導すべき事を勸誘したるときは、假令誘導が實行せられなくとも同條第五號改正法第六號の犯罪が成立する。而して法第百十二條第五號改正法第一項第六號は特に議員候補者を除外せぬ故、議員候補者に對し同條第二號の誘導を爲すことを勸誘した場合をも包含する(昭和九年(れ)第四七〇號大審院判決)。

本罪は何人も之を犯すことが出來、周旋勸誘の行爲に付て利益や報酬を受け又は其の授受を、約束することを必要としない點に於て特色を有する。卽ち本罪は單に周旋勸誘を爲した事實に付てのみ之を罰するのである。

第七項　選擧事務に關係ある官公吏及警察官吏の買收罪

選擧事務に關係ある官吏又は吏員が、當該選擧に關し法第百十二條第一項第一號乃至第六號の罪を犯し、又は警察官吏が其の關係道府縣內の選擧に關し、右同樣の犯罪を犯したるときは特に重く處罰される（法第一一二條第二項）。

法第百十二條第二項　選擧事務ニ關係アル官吏又ハ吏員當該選擧ニ關シ前項ノ罪ヲ犯シタルトキハ四年以下ノ懲役若ハ禁錮又ハ三千圓以下ノ罰金ニ處ス警察官吏其ノ關係道府縣內ノ選擧ニ關シ前項ノ罪ヲ犯シタルトキ亦同ジ

憲政有終の美を發輝するが爲に、最も公正なるべき選擧界が年々腐敗の傾向を辿り、遂に識者をして我議會政治の將來を憂へしむるに至つた原因を攻究するに、その最大なる原因が投票買收に在るを知り、大正十四年の普通選擧法施行に際し、當局は選擧法罰則の大改正を行ひ、此最も惡むべき買收犯に「三年以下の懲役若は禁錮又は千圓以下の罰金」を科したのである。然るに其の刑罰は他の選擧犯罪に比して尙ほ輕きに失する傾向があり、且其後數回の選擧に於ても尙買收の跡を絕たなかつたので、昭和九年の改正に際しては之を「三年以下の懲役若は禁錮又は二千圓以下の罰金」に改めて嚴罰主義を以て臨み、更に候補者連座の規定（法第一三六條）。選擧權・被選擧權停止の制裁規定（法第一三七條）にも改正を加へ、買收犯防止の手段を講じたのであつたがそれと共に、選擧に關係ある官公吏及警察官吏の買收行爲に付ては、特に之を嚴罰するの要を認め本項を追加したのである。至公至平に選擧事務を取扱ひ其の取締を爲さなければならぬ官公吏及警察官吏の買收行爲は特に惡むべく、且其の弊害の大なるに鑑み此の改正となつたことは論を俟たない。

玆に選擧事務に關係ある官公吏、警察官吏の意義に付ては、曩に法第八條の解説に於て説明せるところと同樣であるから、之を參照せられたい。

第二款　所謂選擧ブローカー及常習買收罪

選擧に際し、候補者又は運動者は當選を得ることにのみ狂奔する結果、あらゆる手段を講じ、如何に些細なる機會をも之を捉えんとするは人情の常にして、此の候補者又は運動者の弱點を利用して、多數の投票を取纏め得る地位に在る者が、甘言を以て候補者又は運動者に接近し、其の候補者の爲に多數の選擧人又は運動者に對し、買收其の他の行爲を爲し、依つて以て自己の利益を圖り、選擧界を腐敗に導く所謂選擧ブローカーのあることは周知の事實である。此の選擧ブローカーの横行の爲めに、過去數次の選擧に於て候補者は多額の金圓を强請せられ、其の負擔を增嵩し、選擧界の腐敗をして益々甚だしからしめたのである。眞に選擧界の廓淸を期せんとするならば、須く此等徒輩の絶滅を圖らなければならぬ。之れ昭和九年の改正に於て本條を新設した所以である。

法第百十二條ノ二は選擧ブローカーの嚴罰、選擧ブローカーの請負の禁止、常習買收犯の嚴罰の三要項を規定してゐる。

法第百十二條ノ二　左ノ各號ニ掲グル行爲ヲ爲シタル者ハ五年以下ノ懲役又ハ禁錮ニ處ス

一　財産上ノ利益ヲ圖ル目的ヲ以テ議員候補者ノ爲多數ノ選擧人又ハ選擧運動者ニ對シ前條第一項第一號乃至第三號、第五號又ハ第六號ニ掲グル行爲ヲ爲シ又ハ爲サシメタルトキ

二　財産上ノ利益ヲ圖ル目的ヲ以テ議員候補者ノ爲多數ノ選擧人又ハ選擧運動者ニ對シ前條第一項第一號乃至第三號、第五號又ハ第六號ニ掲グル行爲ヲ爲スコトヲ請負ヒ若ハ請負ハシメ又ハ其ノ申込ヲ爲シタルトキ

前條第一項第一號乃至第三號、第五號又ハ第六號ノ罪ヲ犯シタル者常習犯ナルトキ亦前項ニ同ジ

第一項　選擧ブローカーの罪

本罪は財産上の利益を圖る目的を以て、議員候補者の爲多數の選擧人又は選擧運動者に對し、法第百十二條第一項第一號乃至第三號、第五號又は第六號に掲ぐる行爲を爲し又は爲さしめたる

に依つて成立する（法第一一二條ノ二第一項第一號）。

（一）主體

本罪の主體は云ふ迄もなく所謂選擧ブローカーである。選擧ブローカーにも種々あるが、一言にして云へば、候補者と選擧人との中間に在つて多數の投票を取纏め、其の候補者の爲めに當選を得んことを運動する者で、依つて買收費と稱して候補者から多額の金圓を强請し其の選擧人又は選擧運動者に與ふる差額を着服して私腹を肥さんとするの類を云ふのである。法は本罪の主體に付ては何等の規定を爲さないが故に、其の選擧運動者たると選擧人たると、又選擧無資格者たるとを問はない。

（二）目的

財產上の利益を圖る目的あることを要する。玆に財產上の利益とは金錢、物品の如き有形的の利益のみでなく、財物以外の無形的利益をも包含する。但し財產以外の利益例へば身分上の利益の如きは之を含まないと解すべきである。

「利益を圖る」とは、自己の利益を圖るの謂にして、例へば買收行爲を爲すに付き其の報酬を得るとか、候補者と選擧人との中間に在つて候補者より選擧人に與ふべき金圓の幾分を着服するが如きを云ふのである。而して其の目的卽ち行爲の動機が利益を圖るにある以上、現實に利益を獲得したりや否やは之を問はない。

（三）　行　爲

多數の選擧人又は選擧運動者に對し、買收行爲、利害關係利用に依る誘導の行爲、事後に於ける報酬供與、金品の交付、以上各行爲の周旋勸誘等法第百十二條第一項第一號乃至第三號、第五號又は第六號に揭ぐる行爲を爲し又は爲さしめたる行爲を處罰する。

玆に多數とは云ふまでもなく事實に依つて判斷しなければならぬことで、本條の趣旨は、殆んど營業的に多くの選擧人又は選擧運動者に對して、買收等の違法行爲を爲すを罰するのであるから、例へば二人若くは三人の選擧人を買收したとしても、それが惡質のものでない限り本條の適用を受くべきものではないと解する。

第二項　買收請負の罪

財產上の利益を圖る目的を以て、議員候補者の爲多數の選擧人又は選擧運動者に對し、法第百十二條第一項第一號乃至第三號、第五號又は第六號に掲ぐる行爲を爲すことを請負ひ、若は請負はしめ又は其の申込を爲したるに依つて成立する（法第一一二條ノ二第一項第二號）。

前項述べるところの行爲を爲すことを請負つた者は、請負つただけで本條の罪となる。必ずしも請負つた行爲を實行することを要件としない。他人をして請負はしめ又は請負の申込を爲した者も同樣である。

第三項　常習買收犯

法第百十二條第一項第一號乃至第三號、第五號又は第六號の罪を犯した者が常習者であるときは、本條に依つて所謂選擧ブローカーと同樣重く處分される（法第一一二條ノ二第二項）。

法第百十二條各號の罪は何れも、體刑と罰金刑であるが、本條は體刑のみで、それも五年以下の懲役又は禁錮であり、頗る重いのである。之は罰金刑となれば、多くの場合、候補者が立替て納付し本人には何等の苦痛を感じないが故である。

第三款　議員候補者又は當選人に對する買收罪

法第百十二條は選擧人選擧及運動者に對する買收行爲を規定したものであるが、法第百十三條は議員候補者又は當選人に對する買收行爲を罰する旨の規定である。罪の内容は總て第百十二條に掲ぐるところと同一であるが、唯相手方が異つて居るが爲に、犯罪の目的を同うしないところがあり、刑罰が重くなつて居るところが異つて居る。後者に對して重刑を科した所以は、立候補屆出の制、無競爭當選の制の爲めに補充當選の範圍相當廣く、議員候補者又は當選人に對する買收犯罪は選擧界に於て相當重要なる役割を爲す關係上、其の弊の及ぶところも頗る廣汎なるべきを豫期したが故である。而して昭和九年の改正に於て第百十二條の罪に對する刑罰を重くした關係上本條の刑罰もそれに應じて高められたのである。

本條の犯罪行爲の相手方は議員候補者、議員候補者たらむとする者及當選人である。

(1) 議員候補者とは、法第六十七條の規定に依つて自ら立候補の屆出を爲し、又は第三者から推薦屆出を爲された者を云ふ。

(2) 議員候補者たらむとする者とは、特定の選擧に關して立候補の意思を有して自ら之を外部に發表した者、又は第三者に依つて議員候補者として推薦せられたが未だ推薦屆出を受けて居ない者を云ふ。

(3) 當選人とは有效投票の最多數を得た者を云ふ。必ずしも當選の告知を受けたる者なることを要しない。事實上の當選者であれば足りるのであるから、必ずしも其の當選が確定的であることを要しない。

本條の罪は(一)狹義の買收及利害關係利用誘導罪(二)事後に於ける報酬供與の罪及(三)受諾又は要求の罪である。

第一項　狹義の買收及利害關係利用誘導罪

議員候補者たること若は議員候補者たらむとすることを止めしむる目的を以て、議員候補者若は議員候補たらむとする者に對し、又は當選を辭せしむる目的を以て當選人に對し法第百十二條第一項第一號又は第二號に掲ぐる行爲を爲すことに依つて成立する犯罪である(法第一一三條第一項第一號)。

法第百十三條　左ノ各號ニ掲クル行爲ヲ爲シタル者ハ四年以下ノ懲役若ハ禁錮又ハ三千圓以下ノ罰金ニ處ス

一　議員候補者タルコト若ハ議員候補者タラムトスルコトヲ止メシムル目的ヲ以テ議員候補者若ハ

議員候補者タラムトスル者ニ對シ又ハ當選ヲ辭セシムル目的ヲ以テ當選人ニ對シ第百十二條第一項第一號又ハ第二號ニ掲クル行爲ヲ爲シタルトキ

即ち、本罪の目的は一は議員候補者たること若は議員候補者たらむとすることを斷念せしめるにあり、他は當選を辭せしむるにある。玆に「止める」とは必ずしも絶對的に斷念せしむることのみを意味しない。一時中止する場合をも包含する。而して苟も議員候補者たることを止めたることの報酬として、議員候補者に金圓を供與した以上は、其候補者たることを止めたことの動機が自働的たると他働的たるとを問はず、又報酬支出の名義が選擧運動費用の支辨にあると、其の他に在るとを問はず、本條の犯罪を構成する（大正十三年十二月二十六日大審院判決）。

第二項　事後に於ける報酬供與の罪

議員候補者たること若は議員候補者たらむとすることを止めたること、當選を辭したること又は其の周旋勸誘を爲したることの報酬と爲す目的を以て議員候補者たりし者、議員候補者たらむとしたる者又は當選人たりし者に對し法第百十二條第一項第一號に掲ぐる行爲を爲したるに依り成立する犯罪である（法第一一三條第一項第二號）。

法第百十三條第一項

二　議員候補者タルコト若ハ議員候補者タラムトスルコトヲ止メタルコト、當選ヲ辭シタルコト又ハ其ノ周旋勸誘ヲ爲シタルコトノ報酬ト爲ス目的ヲ以テ議員候補者タリシ者、議員候補者タラムトシタル者又ハ當選人タリシ者ニ對シ第百十二條第一項第一號ニ掲クル行爲ヲ爲シタルトキ

而して苟も議員候補者たらんとしたる者に對し、その候補者たらんとしたことを止めたことの報酬として金錢を授受する以上は、右授受行爲は法第百十三條第一項第二號及第三號の犯罪を構成する。その斷念が報酬を受くることに依り決意せられたことを要しない（昭和八年(れ)第一五六二號大審院判決）。

第三項　受諾又は要求の罪

前二號の供與、饗應接待を受け若は要求し、前二號の申込を承諾し、又は第一號の誘導に應じ若は之を促すことに依つて成立する犯罪である（法第一一三條第一項第三號）。

法第百十三條第一項

三　前二號ノ供與、饗應接待ヲ受ケ若ハ要求シ、前二號ノ誘導ニ應シ若ハ之ヲ促シタルトキ

本條の罪は議員候補者若は、議員候補者たらんとする者、又は當選人が、議員候補者又は議員

候補者たらんとすることを中止し、又は當選を辭退することの對價として金品其の他の財産上の利益若は公私の職務の供與又は饗應接待を請求することに因つて成立する。而してその罰則は、選擧の公正を保持する爲之を侵害し、若は侵害するの虞ある行爲を處罰するの趣旨に基き制定せられたものであるからその要求が選擧の公正を害する虞ある以上は、被要求者の何人たるを問はず犯罪が成立する（昭和八年（れ）第五〇四號大審院判決）。

第四項　周旋勸誘の罪

以上各種の行爲の周旋又は勸誘を爲すことに依つて成立する罪である（法第一一三條第一項第四號）。第一款に述べた周旋勸誘の罪と其の内容は同一である。

法第百十三條第一項

四　前各號ニ掲クル行爲ニ關シ周旋又ハ勸誘ヲ爲シタルトキ

第五項　選擧事務に關係ある官吏、吏員及警察官吏の買收罪

選擧事務に關係ある官吏又は吏員が、當該選擧に關し本條の罪を犯したとき、警察官吏が其の關係道府縣内の選擧に關し、同樣の罪を犯したときは何れも重く處罰される（法第一一三條第二項）。

其理由並に法文の解說は第一款に述べたると同樣である。

法第百十三條第二項　選擧事務ニ關係アル官吏若ハ吏員當該選擧ニ關シ前項ノ罪ヲ犯シタルトキハ五年以下ノ懲役若ハ禁錮又ハ四千圓以下ノ罰金ニ處ス警察官吏其ノ關係道府縣内ノ選擧ニ關シ前項ノ罪ヲ犯シタルトキ亦同ジ

第四款　沒　收

法第百十二條乃至第百十三條の場合に於て、收受し又は交付を受けた利益は之を沒收する。其の全部又は一部を沒收することが出來ない場合は其の價格を追徵する（法第一一四條）。

法第百十四條　前三條ノ場合ニ於テ收受シ又ハ交付ヲ受ケタル利益ハ之ヲ沒收ス其ノ全部又ハ一部ヲ沒收スルコト能ハサルトキハ其ノ價格ヲ追徵ス

本條の規定に依つて沒收されるものは第百十二條乃至第百十三條に規定する行爲に依つて得た利益に限る。茲に利益と云へば金錢、物品其の他の財產上の利益は勿論、饗應接待を受けた如き場合は其の飮食物の代金を追徵される。但し供與を受けた公私の職務に付ては之を沒收することは想像し得られぬことであり、依つて得た利益は追徵するを得ないこともないが、之は本條規定の利益の中には包含せられない。

追徴とは沒收の目的たり得る利益にして、當該の場合沒收することが出來なかつたものに付き行ふのであるから、本來沒收し得ない利益は假令價格を有するも之を追徵することは出來ない。沒收及追徵に付ては其の費消したる金圓の出所如何は之を問はない（明治三十七年大審院判決）。

第五節　選擧の自由妨害の罪

第一款　暴行威力拐引の罪

暴行威力拐引の罪は、選擧に關し選擧人、議員候補者、議員候補者たらむとする者、選擧運動者又は當選人に對し、暴行若は威力を加へ又は之を拐引した事に依つて成立する（法第一一五條）。

法第百十五條　選擧ニ關シ左ノ各號ニ揭クル行爲ヲ爲シタル者ハ四年以下ノ懲役若ハ禁錮又ハ三千圓以下ノ罰金ニ處ス

一　選擧人、議員候補者、議員候補者タラムトスル者、選擧運動者又ハ選擧人ニ對シ暴行若ハ威力ヲ加ヘ又ハ之ヲ拐引シタルトキ

（一）本罪の行爲は暴行すること、威力を加へること、拐引することの三であるが、行爲の結果が選擧の自由を妨害したると否とを問はない。又選擧に關して此等の行爲を爲したときはその選擧の前に犯されたると選擧の後に犯されたるとを問はない。唯行爲の動機が選擧に關係を有する事項を內容とすることを要する。玆に「選擧に關し」とは選擧權の行使に影響を及ぼすべきことを目的としたる事項に關すとの趣旨である（大正四年大審院判決）。

（二）暴行とは不法の腕力を使用して人を攻擊することを云ひ、不法の腕力は其の人に加へられたると、間接に物の上に加へられたるとを問はない。又暴行の手段方法を問はない。玆に注意すべきは、刑法に所謂單純暴行罪は親告罪であるが故に、被害者の告訴がなければ檢事は之を起訴することは出來ないが、本號の罪は親告罪でないから、檢事は告訴の有無に拘らず起訴することが出來る。

（三）威力とは、有形たると無形たるとを問はず、他人の意思の自由を抑制する勢力である。本號の行爲は暴行、脅迫、恐喝等の如き强い力を以て人を抑制する場合は勿論、それより弱い程度の抑制力を加ふることをも含むのである。例へば會社の重役が其の地位を利用して下役を威壓するが如き、債權者が其の債權者たる地位を利用して債務者を威壓するが如き、總て本號の威力を用ゐたといふことになるのである。普選法以前の舊法は脅迫と規定し、强い程度の勢力を加へた場合のみを處斷することゝしてゐたが、現行法は脅迫に至らない程度の勢力卽ち地位、權勢を利用し相手方を抑遜せしむる行爲をも含ましめたのである。之は特殊の優勢なる立場に在る人が其の立場を利用して、相手方を抑壓するが如きは、未だその脅迫に至らざる程度のものでも、選擧に關する行動を阻むには十分にして、此の情勢は現行法が新に選擧權を認むるに至れる新選擧人に付、特に著しいものあるを憂えたが故に、斯る場合に於ても犯罪の成立を認めることゝしたのである。

【質疑回答】

問　町村ノ出入口ニ見張人ヲ出シ敢テ威力等ヲ加ヘサルモ他派ノ選擧運動者ヲシテ自由ニ出入スルコトヲ憚ラシメタル行爲ハ同上選擧ノ自由ヲ妨害シタルモノナルヤ（廣島檢事正問合）

答　他派ノ選擧運動者ヲシテ自由ニ出入スルコトヲ憚ラシムルノ結果ヲ生シタル以上威力ヲ加ヘテ選擧ノ自由ヲ妨害シタルモノト認ムヘキ場合多カルヘシ

（四）　拐引とは人を誑惑して其の現在地から他の場所へ連れて行くことである。其の方法手段の如何を問はず、單に人を現在地から他所へ誘引した事實のみを以て足る。必ずしも人の自由を抑制し又は暴行を加へることを必要としない。同行を强要し又は選擧權の行使を妨害することは本罪の構成要件ではない（明治四十五年四月二十二日大審院判決）。但し次の場合には本罪は成立しない。

區長が其部落に於ける有權者に對する反對派の運動を阻止する目的を以て、名を道路修繕に藉り有權者を或場所に集合せしめ、以て反對派運動者との接觸を避けしめ、投票所に引率して投票せしめた場合は、區長に道路修繕の職權あるときは、職權を濫用して選擧の自由を妨害する犯罪が成立するが、之だけでは拐引罪は成立しない（大正九年五月十九日刑事局長通牒）。

第二款　交通集會及演說妨害と僞計詐術等不正の方法に依る選擧妨害の罪

本號の罪は、選擧に關して交通、集會の便を妨げ、又は演說を妨害すること若は僞計、詐術等不正の方法を以て選擧の自由を妨害することに依つて成立する（法第一一五條第五號）。行爲の相手方に付ては何等の制限がないが故に、必ずしも議員候補者、議員候補者たらむとする者、選擧運動者又は當選人に對して之を爲すことを要件としないが、事實上此等の人々に對して犯さるゝことと多いのは勿論である。

尙、僞計、詐術等不正の方法に依る選擧妨害の罪は所謂結果犯であるが故に、行爲者に於て其の行爲の結果が選擧の自由を妨害したことの認識を必要としない。

交通、集會、及演說の妨害に付いては、其の結果、選擧の自由妨害の事實あるも、法文の解釋としては必ずしも選擧の自由を妨害したることを要せず、交通、集會、演說そのものゝ自由を妨害したることを以て足るのである。之に反して僞計、詐術等不正の方法を以てした場合は、必ず其の結果として選擧の自由を妨害したることを必要とする。

法第百十五條

二　交通若ハ集會ノ便ヲ妨ケ又ハ演說ヲ妨害シ其ノ他僞計詐術等不正ノ方法ヲ以テ選擧ノ自由ヲ妨害シタルトキ

（一）　交通妨害罪

交通の便を妨げとは、道路、橋梁、船車等を損傷し、又は其の他の方法を以て人の交通に障げとなるべき行爲を爲したるを云ふのである。苟も交通の不能、不便を惹起せしむる總ての行爲を指すのである。然し乍ら之が爲めに現實に交通の便を妨げられた者の存在を必要としない。例へば他派の候補者の通行を擁して其の通路に架る橋を破壞したるが如き場合、他派の其の候補者が其の橋の所まで至らない中に引返した場合の如きは、事實上それが爲めに交通の便は妨げられたとは云はれないが、交通に支障を來すべき狀態を惹起したのであるから此場合矢張本號の罪となる。

此交通の便の中には郵便、電信、電話等に依る通信の便は含まれて居ない。

（二） 集會妨害罪

集會の便を妨げとは、前項に述べた交通の便を妨げの觀念と同樣、各種不正の方法を以て集會を不能ならしむるに至ることを云ふのである。而して此の場合に於ても、交通妨害の場合と同樣事實上集會の便を妨げたことを必要としない。集會を爲すに支障ある狀態を惹起せしむれば足るのである。例へば

(1) 選擧に際し一派の選擧運動者が劇場を借受け、候補者の政見發表及其の應援の演説會を

開催せんとするに當り、其の開催を妨害せんが爲め一時劇場の物品を取り出す必要ありとの口實の下に、右運動者を欺き其者より劇場の開放に要する鍵を受取り、之を適當の時機に返還せずして遂に豫定の開催を不能ならしめた行爲は、選擧運動を妨害したるものにして又其の手段は詐術を用ゐたものに外ならないから、法第八十八條第二號（現行法第一一五條第二號）に該當する（大正九年十月二十七日大審院判決）。

(2)　公立學校等の設備の管理者が、故意に申請の順序を變更して、第二位たるべき議員候補者に對して建物の使用を許可したるときは、法第百十五條第二號に該當する。

(3)　演說會の當日該會場附近の場所に於て浪花節の興行を催し、聽衆を牽制して演說會場に至らしめざる行爲は、集會を妨ぐる故意ある場合は法第百十五條第二號に該當する。

（三）　演說妨害罪

演說を妨害しとは、演說會場に於て暴行するとか、彌次を飛ばすとかの方法を以て演說を續行することが出來ぬやうにするとか、聽衆に演說の主旨を聽かせぬやうにするとかの方法を以て演說を妨害するを云ふのである。必ずしも演說を中止せしむるを必要としない。一時演說を不能ならしむるの行爲があれば足りるのである。玆に注意すべきは本號の演說妨害罪は演說そのものを妨害するを云ひ、演說を爲す以前に於て演說會を開催することの出來ぬやうにするを云ふのではない。それは前項の集會の便を妨げた行爲として罰せられるか、或は僞計、詐術等不正の方法に依る選擧の自由妨害罪として處斷せらるゝことゝなる。

妨害の程度を判定するは頗る困難な問題である。最も普通に行はるゝ演說妨害の方法は彌次を飛ばす方法であるが、如何なる程度の彌次が演說妨害となるかは事實に依つて判斷するの外はない。例へば單に「ノーノー」と云ふが如きは本號の犯罪とはならないが、甚だしい騷ぎ方をして聽衆が總立ちになり、辯士が立往生をするの止むを得ざるに至らしめた如きは演說妨害の程度に至つたものと認むべきであらう、左に實例を示す。

議員候補者であると選擧運動者であるとを問はず、選擧に關して演說を爲す際之を妨害するの意思を以て、現に妨害の結果を生ぜしめたる一切の行爲は法第百十五條第二號の演說妨害罪を構成する。其の妨害行爲に依つて生じた結果が、演說會場を混亂に陷れて、演說の續行を不能に終らしむる如き重大な場合と、之に依つて演說に支障を來し、其の進行を困難ならしむるに止まつた如き輕易な場合とを區別しない(昭和七年(れ)第一三九號大審院判決)判示事實は、被告人は縣會議員選擧に付社會民衆黨から立候補せるMの政見發表演說會を傍聽中、應援辯士Nが全國勞働大衆黨の主義政策を非難した際、被告人等は共同してその演說の妨害を企て、演說者を罵言し、約一分間に亘り連續拍手した。そこで社會民衆黨員Hが之を制止せんとして被告人Tに退場を求めたところ、同人は之に反抗して格鬪を始め、被告人TはKに應援してHに摑みかゝり右演說會場を混亂に陷れ、前後約四、五分間Nの演說を不能に至らしめたものである右の行爲の中、退場を求められて反抗格鬪した行爲は、無論本罪を構成するが、判例は、格鬪の前の一分間連續拍手して演說の續行を妨害した行爲のみを以てしても、演說妨害罪の成立に缺くるところなしと爲して居る。

(四)　僞計、詐術等不正の方法に依る選擧妨害

僞計、詐術等不正の方法を以て選擧の自由を妨害するとは、他人に害惡を加ふる目的を以て、種々の奸計術策を弄して選擧運動を妨害する行爲を云ふのである。不正の方法に付いては其の手段の何たるを問はない。法文に僞計、詐術とあるは單に其の一例を示したに過ぎぬ

選擧の自由を妨害するとは、選擧に關する一切の行爲を妨げることを云ふのである。投票を爲す行爲を妨害するは勿論、投票を得むとして活動する行爲を妨害するは總て本罪を構成する。

(1) 反對派候補者の廣告、張札其の他ポスター、ビラ等を引破り、又は廣告紙の上に自派候補者の張札を貼り付けたる行爲は法第百十五條第二號に該當する。

(2) 投票當日投票を妨ぐる目的を以て、反對派候補者に投票を爲さむとする選擧人を訪問し圍碁、座談其の他の事由に託し、徒らに長時間空費したるに、選擧人は意志薄弱なる爲め之を回避することが出來ないで遂に投票することが出來なかつた行爲は、法第百十五條第二號に該當する。

(3) 甲派の選擧運動者が無筆の選擧人に對し、甲の氏名を筆記して投票を依賴した。選擧人は其の氏名を手習したが、字畫多くして容易に覺えることが出來なかつた。乙派運動者は乙の氏名は容易に習ふことが出來るので、奇貨可置と爲し、同一の名刺なりと稱して乙の名刺を選擧人に渡した。選擧人はそれを甲の名刺であると間違つて一生懸命に之を習つて投票した。此場合右乙派運動者の行爲は法第百十五條第二號に該當する。

(4) 選擧當日選擧人を尾行して選擧人をして不安の念を生ぜしめた行爲は、多くの場合自由妨害となる。

(5) 演說の妨害となることを認識しながら突然會場に入り來り、火事だ（但し火事のあつたことは事實である）と再三大聲叱呼して演說を中止せしめた行爲は、警告を爲すことが當時の狀況に照し至當と認めらるゝ事情なるに於ては法第百十五條第二號に該當しない。

(6) 演說を爲さんとするに當り、原稿を隱匿して演說を不能ならしめた行爲は選擧の自由妨害である。

第二款　利害關係利用威逼罪

利害關係利用威逼罪は、選擧人、議員候補者、議員候補者たらむとする者、選擧運動者若は當選人又は其の利害關係ある社寺、學校、會社、組合、市町村等に對する用水、小作、債權、寄附其の他特殊の利害關係を利用して選擧人、議員候補者、議員候補者たらむとする者又は當選人を威逼したことに依つて成立する（法第一一五條第三號）。

法第百十五條

三　選擧人、議員候補者、議員候補者タラムトスル者、選擧運動者若ハ當選人又ハ其ノ關係アル社寺、學校、會社、組合、市町村等ニ對スル用水、小作、債權、寄附其ノ他特殊ノ利害關係ヲ利用シテ選擧人、議員候補者、議員候補者タラムトスル者、選擧運動者又ハ當選人ヲ威逼シタルトキ

本罪の主體は本條第一號の暴行威力拐引の罪の主體と同樣である。

本罪の實行行爲は特殊の利害關係を利用して威逼するにある。特殊の利害關係を利用する點は法第百十二條第一項第二號の場合と同樣であるが、

（イ）法第百十二條第一項第二號の罪は、利用せらるる利害關係が特殊にして直接であることを必要とするが、本條の罪の場合は必ずしも直接であることを必要としない。特殊のものであれば足りるのである。

（ロ）法第百十二條第一項第二號の場合は、利害關係を利用して他人を誘導することに依つて成立するのであるが本號の場合は利害關係を利用して他人を威逼するにある。威逼とは威力を加へて他人の自由意思を抑壓することである。即ち誘導は人の自由意思を抑壓することな

く、其の決意を促すに過ぎないのであるから、人は其の自由意思に基く判斷力を行使する餘地あるに反し、威逼とは他人の自由意思を抑壓して、其の自由なる判斷を容れるの餘地なからしめるのである。

法第百十二條第一項第二號

當選ヲ得若ハ得シメ又ハ得シメサル目的ヲ以テ選擧人又ハ選擧運動者ニ對シ其ノ者又ハ其ノ者ノ關係アル社寺、學校、會社、組合、市町村等ニ對スル用水、小作、債權、寄附其ノ他特殊ノ直接利害關係ヲ利用シテ誘導ヲ爲シタルトキ

此の故に法第百十二條第一項第二號の場合は直接の利害關係を利用せる場合のみを罰することとしたのであるが、本號の場合は間接の利害關係を利用した場合をも罰することとしたのである即ち本號の威逼の爲めに加へらるゝ利害關係は寧ろ害惡關係であるから、假令間接の利害關係を利用するも之を寛假すべきでないからである。次に二三の事例を示す。

(1)　或選擧人をして從來汲水せしめて居た井水を、某候補者に投票しなければ、井水汲取を拒絕する旨申向けた行爲は行爲の程度如何に依り法第百十二條第一項第二號に該當する場合あるべく、又法第百十五條第三號に該當する場合がある。

(2) 虛僞の事實に依つて債權關係を利用し選擧人を威逼して投票を爲さしめた場合は、法第八十八條第三號（現行法第百十五條第三號）を適用するを相當とする（大正七年三月二十三日大審院判決）。

(3) 法第八十八條第一項第三號）（現行法第百十五條第三號）に所謂選擧人を威逼すべき利害關係とは、同號例示の事項以外に屬する選擧人又は其關係ある社寺、學校、會社、組合、市町村等に害惡を發生せしむべき事項を汎稱すと解すべきであるから、一地方の住民團體間に於て行はるゝ個人の日常生活に苦痛を與ふべき絕交（村外れの類）の如きは同號に所謂利害關係の一種なりと云ふを妨げぬ（大正六年七月九日大審院判決）。

(4) 被告等が爲した町會議員候補者某の推薦決議に選擧人が任意に贊同したが爲め、爾後絕交を受くる不安の地位に立つたとするも、之を以て直に被告等が選擧に關し利害關係を利用して選擧人を威逼したと云ふことは出來ぬ（大正六年大審院判決）。

第四款　官吏、吏員の瀆職と氏名表示要求罪

第一項　職務懈怠及職權濫用の罪

官吏、吏員の職務懈怠及職權濫用の罪は、選擧に關し官吏又は吏員が故意に其の職務の執行を怠り、又は正當の理由なくして議員候補者、選擧事務長若は選擧委員に追隨し、其の居宅若は選擧事務所に立入る等其の職權を濫用して、選擧の自由を妨害したことに依つて成立する（法第一一六條第一項）。

法第百十六條第一項　選擧ニ關シ官吏又ハ吏員故意ニ其ノ職務ノ執行ヲ怠リ又ハ正當ノ事由ナクシテ議員候補者、選擧事務長若ハ選擧委員ニ追隨シ、其ノ居宅若ハ選擧事務所ニ立入ル等其ノ職權ヲ濫用シテ選擧ノ自由ヲ妨害シタルトキハ四年以下ノ禁錮ニ處ス

一　主　體

本罪の主體は在職の官吏又は吏員に限るのである。非職又は休職中の官吏、吏員は本罪の主體たり得ない。本罪の主體たり得る官吏、吏員は主として警察官吏、市町村吏員等選擧事務に關係ある官吏吏員であるが、法文には何等の制限はないから、選擧に關係のない官吏又は吏員でも本罪の主體たり得るものと解する。例へば郵便官署の吏員が選擧運動の費用なる

ことを知つて、故意に郵便爲替を議員候補者に拂渡さなかつた如きは本罪の主體となり得るのである。

二 行爲

本罪の行爲は故意に其職務を怠り又は職權を濫用して、選擧の自由を妨害したことに依つて成立する。而して本罪の犯意も法第百十五條第二號の場合と同樣、結果犯であるが故に選擧の自由を妨害したこととの豫見を必要としない。

故意に職務の執行を怠りとは、職權ある官吏が當然爲すべき職務を故意に怠つたことを云ふ。例へば選擧演說會場に於て、警察官が、演說を妨害する者があるのを目の前に見て居ながら、故意に之を放任して取締を爲さなかつたやうな場合を云ふのである。而して此の場合に、警察官は演說を妨害する者を取締らなかつた爲めに、演說が中止されるといふことの豫見は必要はないが、事實上演說が不能に終つたといふ結果の發生することが必要である。

職權を濫用しとは、官吏吏員が自己の職務權限の範圍を超えたる行爲を爲すことを云ふのである。換言すれば一般抽象的に見れば、其の官吏、吏員の職務權限に屬する事柄ではあるが、具體的の場合に職權行使の條件が備つて居らないに拘らず、正當なる職權以外の行動を爲すを云ふのである。條文に「正當ノ事由ナクシテ議員候補者、選擧事務長若ハ選擧委員ニ追隨シ、其ノ居宅若ハ選擧事務所ニ立入ル等」とあるは例示的規定である。之は舊法に於ては單に「職務を怠り」又は「職權を濫用し」とのみ規定し、其の用語の意味明確を缺くものがあつたので、現行法は其の職權濫用と爲るべき顯著なる事例を具體的に例示して、罰則の適用を容易ならしめたのである。而して特に「追隨」及「居宅若は選擧事務所に立入ること」の二例を例示したのは、從來警察官の此種の行爲は議員候補者の爲の運動を牽制し、其の當落に大なる影響を及ぼし、延いて所謂選擧干渉の弊をして大ならしむる虞あるを以て、此種行爲を絶滅せしめんとするの趣旨に出でたものである。

職權濫用の場合も、前述の職務懈怠の場合と同樣、それが爲めに事實上選擧の自由を妨害せられたることを必要とする。若し選擧の自由を妨害せられたといふ結果が生じない場合は他の罪が成立するとも、本罪は成立しない。

第二項　被選擧人氏名表示要求罪

本罪は官吏又は吏員が被選擧人に對し、其の投票せむとし又は投票したる被選擧人の氏名の表示を求めたことに依つて成立する（法第一一六條第二項）。之は官吏、吏員が其の權威を藉りて選擧人に「何人に投票したか」といふが如きことを尋ねるは往々あることで、斯の如きは投票の自由を妨害し、無記名投票制度の趣旨に反するので、特に此の規定を設けて官吏、吏員をして選擧人に對し斯樣な表示を求むることなからしむるようにしたのである。何等强制力を用ゐずして、單に表示を求めたゞけで罪となるを以て選擧の自由を保護せむとしたのである。

法第百十六條第二項 官吏又ハ吏員選擧人ニ對シ其ノ投票セムトシ又ハ投票シタル被選擧人ノ氏名ノ表示ヲ求メタルトキハ六月以下ノ禁錮又ハ三百圓以下ノ罰金ニ處ス

本罪の主體は官吏、吏員に限ることは條文の上から見て明かである。

投票せむとすとは、之から投票しようとすることで、投票したるといふことは、既に投票を終つたことを云ふのである。故に本條は其の表示を求むる時期が、投票の前なると、投票の後なるとを問はないのである。

表示を求むるといふは、投票者に對し、其の投票したる者の氏名の發表を求むることである。

表示を求むるは必ずしも特定人の氏名の表示を求むるを要せない。例へば候補者が甲派より一名乙派より一名立候補した場合の如きに於ては、直接に其の氏名の表示を求めなくとも、甲乙何れの黨派へ投票したかといふことを聞けば、誰に投票したかといふことは直に判明するのであるから、此の樣な場合には必ずしも直接其の氏名の表示を求めずして黨派だけの表示を求めても犯罪になること勿論である。

又、官吏、吏員が數年前行はれた選擧に關し選擧人に對し其の投票したる被選擧人の氏名の表示を求めた場合と雖も、法第百十六條第二項の犯罪成立する。

【質疑回答】

一　判事檢事及警察官吏ノ職務ト本條ノ規定　判事檢事又ハ司法警察官吏ハ衆議院議員選擧法第十六條第二項ノ解釋ノ如何ニ拘ラス實際上ノ取扱方トシテハ當分ノ內審理又ハ捜査ニ際シ如何ナル場合ト雖選擧人ニ對シテ其ノ投票セムトシ又ハ投票シタル被選擧人ノ氏名ノ表示ヲ求メサルコト但シ選擧人カ投票セムトシ又ハ投票シタル被選擧人ノ氏名ヲ既ニ表示シタル事實アル場合ニ於テ判事カ證據調ノ方法トシテ右ノ事實ノ有無ニ付訊問スルカ如キハ之ヲ妨ケサルコト（大正十四年八月十八日控訴院長檢事長會議ニ於ケル決議）

二　問　刑事訴訟法上審問權行使ト本條ノ規定　刑事訴訟法上ニ於ケル審問權行使ノ場合モ尙第百十

六條第二項ノ適用アリト解スヘキヤ

答　大正十四年八月十八日控訴院長檢事長會議ニ於ケル申合（前項）參照（司法省）

第五款　被選擧人氏名表示罪

本罪は選擧事務に關係ある官吏、吏員、立會人又は監視者が選擧人の投票したる被選擧人の氏名を表示したることに依つて成立する（法第一一七條）。

法第百十七條　選擧事務ニ關係アル官吏、吏員、立會人又ハ監視者選擧人ノ投票シタル被選擧人ノ氏名ヲ表示シタルトキハ二年以下ノ禁錮又ハ千圓以下ノ罰金ニ處ス其ノ表示シタル事實虛僞ナルトキ亦同シ

一　主體

本罪の主體は選擧事務に關係ある官吏、吏員、立會人及監視者の四者である。官吏、吏員に付いては甞に屢々說明せる通りである。立會人とは投票立會人、開票立會人及選擧立會人を云ひ、監視者とは選擧事務の監督を爲すべき職務を有する官吏である。此等の官吏、吏員、立會人又は監視者は、其の職務の關係上被選擧人の氏名を容易に知り得る地位に在るものな

るが故に前款述べた如く無記名投票の趣旨を徹底せしめんには、此等の官吏の秘密漏洩の罪をも罰しなければならぬが故に、前條の規定と相俟つて制定せられたものである。

二、行爲

行爲は被選擧人の氏名を外部に表示する一切の行爲である。官吏、吏員、立會人又は監視者が其の職務上知り得たる被選擧人の氏名を表示することを禁止するのである。職務に關係のない他町村の被選擧人の氏名の表示を爲すも本罪を以て論ずべきではない。被選擧人の氏名を表示するに當つて選擧人の氏名をも併せて之を表示するを要するや否やに付いては疑がある。司法省は次の見解を採つて居る。

(1) 開票前に於ては單に被選擧人の氏名のみを表示するも本條違反となる。

(2) 開票後に於ては單に被選擧人の氏名のみを表示するは罪とならぬが、選擧人と被選擧人との氏名を結び付けて表示するは罪となる。

表示されたる被選擧人の氏名が虛僞である場合如何の疑があつたが、法文は「其の表示したる事實虛僞なるとき亦同じ」と規定して議論の餘地なからしめて居る。

第六款　投票妨害の罪

第一項　投票關涉及氏名認知の罪

本罪は投票所又は開票所に於て、正當の事由なくして選擧人の投票に關涉し、又は被選擧人の氏名を認知するの方法を行つたことに依つて成立する（法第一一八條第一項）。

法第百十八條第一項　投票所又ハ開票所ニ於テ正當ノ事由ナクシテ選擧人ノ投票ニ關涉シ又ハ被選擧人ノ氏名ヲ認知スルノ方法ヲ行ヒタル者ハ一年以下ノ禁錮又ハ五百圓以下ノ罰金ニ處ス

本罪の主體に付いては法文に何等の制限がないが故に、官吏、吏員に限ることなく、何人と雖も之を犯すことが出來る。

犯罪の場所は投票所又は開票所である。其の他の場所に於て之を犯すも犯罪とはならない。他の犯罪を構成することありや否やは別問題である。

（一）　投票關涉行爲

投票に關涉しと云ふのは代書、指示、協議、勸誘等の方法を以て選擧人の投票に容喙する行爲を云ふのである。其の方法の如何を問はず、亦其の關涉の行爲が選擧人の自由意思を抑壓したると否とを問はないのである。單に投票人に對して此等の行爲を爲したるを以て足る。

右の行爲は正當の理由なくして行はれたることを要する。正當の理由とは法令に於て許されたる行爲又は社會的慣行に於て許されてゐる行爲を云ふのである。

(1) 投票所の外部から大聲にて某議員候補者の氏名を呼び觸らし、今や投票用紙に被選擧人の氏名を記載せんとする選擧人の注意を喚起したる行爲は、單に注意を喚起する程度に止まらず、其候補者に投票せんことを選擧人に促すが如き場合に於ては第百十八條の犯罪成立する

(2) 被告人が選擧人にして文字を解せず、又は文字を記載するに堪能ならざる者が投票せんとする場合に於て、選擧事務員として投票所に在る機會を利用し、密かに右選擧人に代りて投票用紙の所定部分に被選擧人の氏名を筆記し、正當の事由なくして投票に關渉した行爲選擧は、人の自由意思を以て決定せる被選擧人の氏名を投票紙に代筆したるものにして何等選擧人の意思に反し又は其意思決定を抑制したる形迹は存せなかつたとするも、投票關渉罪は成立する（大正十一年三月十一日大審院判決）。

(3) 居村村會議員選擧投票所に於て自ら選擧長として選擧事務に從事中、選擧有權者七名に對

し、各別に投票用紙を交付するに當り、某候補者を投票せしめ、同人をして當選せしむる目的を以て同人の氏名を記載したる名札在中の封筒を投票用紙と共に交付した行爲は法文に所謂投票所に於て、正當の事由なくして選擧人の投票に關渉したものと云はなければならぬ（大正十一年三月十一日大審院判決）。

（二）　被選擧人の氏名認知行爲

選擧人が何人に選擧したりやと云ふことを認知し得る總ての方法を講ずることを云ふのである。犯罪の場所が投票所又は開票所であることは云ふまでもないが、其の方法に付ては何等の制限はない。別室から窺見するが如き、運筆により選擧人の記す文字を知り得る樣な裝置を爲すが如き之である。

行爲者が被選擧人の氏名を認知し得る手段を採つた以上、現に被選擧人の氏名を認知することが出來なかつたとしても犯罪は成立する。蓋し法は「被選擧人の氏名を認知したる者」と云はないで「被選擧人の氏名を認知するの方法を行ひたる者」と規定せるからである。次に事例二三を示す。

(1)　選擧人が某被選擧人に對し、被選擧人を投票したるに相違ないと云ふことを知らしむる爲に、自分の頭文字を投票用紙の或箇所に細記したる場合に、當該被選擧人と通謀し且其の被選擧人自ら其の投票を見ることが出來るか、又は立會人其他の者を介して投票の記載を知ることが出來る場合（時及場所を論ぜず）に於ては、右選擧人は本罪の共犯である。

(2)　選擧人が投票所に於て關係人に一見せしむるが爲に、被選擧人の氏名を記載せる自分の投票用紙を開いた儘さげて行き、投票函の前で之を適宜折り疊んで投票したる行爲は、犯罪を構成しない。然し乍ら、他人の依賴を受けて其の者をして被選擧人の氏名を認知せしめる爲めに行つたときは、本條の罪の共犯である（大正七年七月八日大審院判決同趣旨）。

(3)　被選擧人の氏名を認知するの方法を行つたときは、自ら其氏名を認知したる場合は勿論第三者をして之を認知せしめた場合と雖、法第九十條第一項後段（現行法第百十八條第一項後段）の罪を構成する（大正十五年五月二十九日大審院判決）。

第三項　投票函侵害罪

本罪は、法令の規定に依らずして投票函を開き、又は投票函の中の投票を取出すことに依つて成立する（法第一一八條第二項）。

法第百十八條第二項　法令ノ規定ニ依ラスシテ投票函ヲ開キ又ハ投票函中ノ投票ヲ取出シタル者ハ三年以下ノ懲役若ハ禁錮又ハ二千圓以下ノ罰金ニ處ス

（一）本罪の主體については、第一項の場合同樣、何等の規定がないから、何人でも之を犯すことが出來る。

（二）投票函を開き又は投票を取り出すは法令の定むる處に依つて選擧長（又は開票分會長）が之を爲すのであるが、然らずして不法に投票函を開き又は投票を取り出すは本罪を構成する。選擧長と雖も定められた開票の時期、開票の場所以外に於て之を開くときは本罪を構成するのである。

投票函を開きと云ふのは、普通の方法を以て開くのを云ふのであつて、投票函を破壞するが如き行爲を含まない。投票函を破壞する行爲は次條の罪であつて、重く處分せられる。

第七款　選擧事務關係者に對する暴行脅迫と投票所、開票所等に於ける騷擾其他不正行爲の罪

本罪は投票管理者、開票管理者、選擧長、立會人若は選擧監視者に暴行若は脅迫を加へ、選擧會場、開票所若は投票所を騷擾し又は投票、投票函其他關係書類を抑留、毀壞若は奪取するに依つて成立する（法第一一九條）。

法第百十九條　投票管理者、開票管理者、選擧長、立會人若ハ選擧監視者ニ暴行若ハ脅迫ヲ加ヘ、選擧會場、開票所若ハ投票所ヲ騷擾シ又ハ投票、投票函其ノ他關係書類ヲ抑留、毀壞若ハ奪取シタル者ハ四年以下ノ懲役又ハ禁錮ニ處ス

本罪の主體は何人でも差支ないが、客體は投票管理者、開票管理者、選擧長、立會人、若は選擧監視者の五者に限る。其他の者に對しては假令公務員たりと雖も本罪の客體たり得ない。而して其の法益は本條第一段は直接人に對し、第二段は投票所若は開票所の靜謐と秩序とにして、末段は投票、投票函、選擧關係書類等である。本條の法益と刑法の法益と異るところは、本條が保護せむとする法益は、暴行脅迫に基く選擧の自由公正に對する侵害に存し、刑法上公務執行妨害罪、傷害罪又は建造物損壞罪等に於て、各保護せむとするものと全く其法益を異にする（大正十三年六月五日大審院判決）。

本罪の實行行爲は之を左の三に別つ。

（一）投票管理者、開票管理者、選擧長、立會人、若は選擧監視者に暴行若は脅迫を加ふる行爲

暴行若は脅迫を加ふる動機如何は問はないが、此等の者が選擧に關係ある公務員なることの認識を必要とする。故に事實此等の人が選擧に關係のある公務員であつても、選擧に關係ある人であることを知らずして犯した場合は本罪は成立しない。

暴行の意義は第百十五條第一號の暴行と同意義に解して差支ない。

脅迫とは人を畏怖せしめて、其の自由を抑壓する目的を以て之に對し害惡を到來せしむべき旨の通知を爲す行爲を云ふのである。本條の脅迫の害惡の通知には何等の制限がないから刑法所定の害惡よりは其の範圍が廣いと云はねばならぬ。刑法の脅迫に付いて其の通知すべき害惡は本人又は其の親族の生命、身體、自由、名譽若は財産に限られて居るが、本條の害惡の通知は玆に列記せられたるものは勿論、本人又は親族以外の者に對する害惡を通知するも以て本人は苦痛を感じ、事實上畏怖心を生ずれば足りるのである。人を畏怖せしめる目的

を以て害惡を通知するを要するは勿論である。若し其暴行脅迫が一面公務の執行妨害若は建造物損壊等苟も他の罪名に觸るる場合は、其行爲は一個なるも右選擧法違反罪成立すると同時に、是等諸種の罪名に觸るるものとして處斷される（大正十三年六月五日大審院判決）。

（二）　選擧會場、開票所若は投票所を騷す罪

選擧會場、開票所若は投票所を騷す罪とは、此等の場所の靜謐狀態を攪亂して、投票若は開票の平穩に行はるゝを害する行爲を云ふのである。刑法に所謂騷擾の罪は多衆集合して暴行脅迫を必要とするも本罪は此の二つの要件を必要としないが故に、一人にても本罪を犯すことが出來、亦、暴行脅迫以外の手段を以てすることも出來るのである。要するに手段の如何を問はず、投票所、開票所若は選擧會場の靜謐を害し、投票若は開票の平靜に行はるゝを妨害するの事實が生じたときは、本罪が成立するのである。

法第八十八條第一號（舊法）所定の行爲を爲したる罪は投票の終了せる以前に於ける犯行に付適用あるも、其以後に於ける犯行に適用なしと解しなければならぬから、被告人の騷擾行爲が投票後に係る場合に在ては、選擧法罰則を適用せず刑法第百六條の規定に依り處斷す

べきものである（大正十四年二月四日大審院判決）。尚之を詳細に述ぶれば、第九十一條及第九十二條（舊法）の騷擾罪は選擧會場、開票所若は投票所の閉鎖の前後を問はず各其の事務取扱中、投票所に付ては投票函、投票錄及選擧人名簿を開票管理者に發送する迄（舊法第四十二條）開票所に付ては開票の結果を選擧長に報告する迄（舊法第六十一條）選擧會場に付ては選擧錄完成に至る迄（舊法第六十七條）に於て本條の犯罪成立するものとする（大審院檢事局決議）。

（三）　投票、投票函其他關係書類を抑留若は毀壞若は奪取する罪

本罪に於ける行爲は抑留、毀壞及奪取である。抑留とは投票、投票函其他の關係書類を不法に自己の支配下に置くを云ふ。茲に投票とは選擧人が投票用紙に所定事項を記入し、將に投函せんとする狀態に置いたものを云ひ、投票函とは必ずしも投票開始後の投票函を云ふものではない。

毀壞とは此等の書類又は物件を滅失、毀損するを云ひ、奪取とは此等の物件を管理者の意思に反して其の支配より奪ひ、自己又は第三者の支配下に置くを云ふ。

第八款　多衆集合して爲す暴行騷擾其他不法行爲と多衆不解散の罪

第一項　多衆集合罪

本罪は選擧人、議員候補者、議員候補者たらむとする者、選擧運動者若は當選人に對し暴行若は威力を加へ又は之を拐引する罪、及び投票所、開票所若は選擧會場に於ける暴行、騷擾其の他の不法行爲の罪を犯すに際し、多衆集合して之を爲すことに依つて成立する（法第一二〇條第一項）。

法第百二十條第一項　多衆聚合シテ第百十五條第一號又ハ前條ノ罪ヲ犯シタル者ハ左ノ區別ニ從テ處斷ス

一　首魁ハ一年以上七年以下ノ懲役又ハ禁錮ニ處ス

二　他人ヲ指揮シ又ハ他人ニ率先シテ勢ヲ助ケタル者ハ六月以上五年以下ノ懲役又ハ禁錮ニ處ス

三　附和隨行シタル者ハ百圓以下ノ罰金又ハ科料ニ處ス

玆に多衆とは、其の人數に付き抽象的の制限はないが、多衆合同して暴行騷擾を行ふに付き相當數を必要とする趣旨より考へて、僅少なる數人のみにて本罪の主體となることは考へられぬ。

本罪を犯した者の處分に付ては、集合したる者の地位、任務に依つて夫々區別したのである。

卽ち

(1) 首魁は一年以上七年以下の懲役又は禁錮。

(2) 他人を指揮し又他人に率先して勢を助けた者は六月以上五年以下の懲役又は禁錮。

(3) 附和隨行したる者は百圓以下の罰金又は科料。

首魁とは主動者となつて多衆をして其の合同力に依り騷擾行爲を爲したる者を云ふのであつて必ずしも暴行脅迫を共にし、又は現場に在つて指揮統率の任に當るを必要としない。

他人を指揮し又は他人に率先して勢を助けた者とは首魁に次いで主要な行動を爲した者で集合せる多衆を指揮するは勿論、廣く騷擾を容易ならしむる一切の行爲を爲し、又は應援を爲す者は勿論、多衆と共に自ら犯罪の實行行爲に加はつた者を云ふ。

附和隨行した者とは、首魁、他人を指揮し又は他人に率先して勢を助けた者の如く主要な任務に當ることなく、單に多衆の中に加はつて多衆の勢の向く儘に行動した者を云ふのである。

本條の罪と刑法騷擾罪との關係は、本條は選擧の執行に影響を及ぼすべきことを目的と爲したる騷擾行爲に限り適用すべき制裁法規にして選擧終了後の騷擾行爲に適用すべきものではない。

（大正十年九月二十六日大審院判決）。

第二項　多衆不解散罪

本條の多數不解散の罪とは、法第百十五條第一項第一號即ち選擧人、議員候補者、議員候補者たらむとする者、選擧運動者若は當選人に對し暴行若は威力を加へ又は之を拐引する罪及前條の罪即ち投票所、開票所選擧會場に於ける暴行、騷擾其の他不法行爲の罪を犯す目的を以て多衆集合し、當該公務員から解散の命令を受くること三回以上に及ぶも仍解散せない場合に成立する罪である（法第一二〇條第二項）。

法第百二十條第二項　第百十五條第一號又ハ前條ノ罪ヲ犯ス爲多衆聚合シ當該公務員ヨリ解散ノ命ヲ受クルコト三回以上ニ及フモ仍解散セサルトキハ首魁ハ二年以下ノ禁錮ニ處シ其ノ他ノ者ハ百圓以下ノ罰金又ハ科料ニ處ス

（イ）　第百十五條第一項又は第百十九條の罪を犯す爲め多衆集合したることを必要とする。故に最初平穩なる目的を以て集合したる場合に於ては、或は中途に於て暴行脅迫の實行に依つて本條第一項の罪を構成することあるも、多衆不解散罪を構成することはない。

（ロ）當該公務員から解散の命令を受くること三回以上なることを必要とする。當該公務員とは、治安警察の事務に從事する公務員であつて、其の事實の發生したる場所を管轄する權限のある者を云ふのである本條の公務員中には巡査を包含し、選擧長、投票管理者、開票管理者等所謂關係吏員を包含しない。解散命令の形式は問はないが、命令は受命者に徹底したることを必要とする。命令は三回以上たることを必要とするは法文上明かである。

（ハ）三回以上の解散命令あるも仍解散せざることを必要とする。暴行又は脅迫を爲す目的を以て集合したのみでは、本罪を構成しない。集合後、當該公務員から解散命令あつたこと三回以上に及ぶも尙解散しなかつたとき始めて本罪を構成するのである。故に解散命令を受くること三回以上に及ぶも解散したときは犯罪を構成しない。

（ニ）各自が解散命令のあつたことを直接間接知つたことを必要とする。卽ち不解散が故意に基くものでなければ犯罪は成立しない。

第九款　戎器兇器携帶罪

本罪は何人によらず、選擧に關し銃砲、刀劍、棍棒其他人を殺傷するに足るべき物件を携帶することに依つて成立する（法第一二一條）。

法第百二十一條　選擧ニ關シ銃砲、刀劍、棍棒其ノ他人ヲ殺傷スルニ足ルヘキ物件ヲ携帶シタル者ハ二年以下ノ禁錮又ハ千圓以下ノ罰金ニ處ス

警察官吏又ハ憲兵ハ必要ト認ムル場合ニ於テ前項ノ物件ヲ領置スルコトヲ得

（イ）携帶とは、現實に所持し又は直に把持し得べき狀態に置くことを云ふ。所有又は占有と云ふのと意味を異にする。所有又は占有は必ずしも現實に物を握つて居ることは必要はないが、携帶は物件を手に握つて居るか又は腰につけて居るかして、何時でも手に持つて使用することが出來るやうな狀態に置かれてあるを云ふのである。故に例へば、銃砲を家に置いて外出するは所有又は占有であるが、携帶ではない。

法に所謂「選擧に關し携帶」とは、携帶の事由が其選擧に關することを意味する。選擧運動上又選擧權行使上必要に應じ使用する意思を以て銃砲、刀劍等を携帶する以上は、其目的が自衞にあると否とを問はず、又平素携帶の習慣あると否とを問はず又其現行と非現行とを問はず本條の犯罪として處罰すべきものである（大正九年四月九日刑事局長通牒）。

（ロ）携帯すべき物件に付いては、條文は銃砲、刀劍、棍棒の三を擧げてあるが、之は一例を示したのみであつて、此の三つの物件に限るわけではない。「棍棒」の次に「其の他」の文字あるを見ても明である。即ち、銃砲、刀劍、棍棒其の他之に類似する物件といふ意味である。苟くも人を殺傷するに足るべき物件を携帯せる者は總て本條に依つて處斷せられる。然し乍ら、小刀、杖等は人の日常携帯する物であり且銃砲、刀劍等に類似した物でもなく、之に比較すべくもない。

要するに一般社會の通念から云つて、人をして一見直に危險の感を懷かしむるに足るものを指すのである。

金引棒にして太さ略普通の鉛筆大長さ約二尺二寸五分に過ぎざる鐵製の捧の上端に、鐵製の輪數個を施してあつて、祭禮の際兒童が玩具として使用する錫狀なるときは、議員選擧の場合に之を携帯したりとするも鐵砲、槍戟、刀劍、竹槍、棍捧と同じく、其用法に付通常人をして一見危險を抱かしむるに足らぬ故に、右金引棒は本條に所謂人を殺傷するに足るべき物件に該當しない（大正十四年五月二十六日大審院判決）。然し乍ら人を殺傷する目的を以て製作せられたるものに限らずと雖、其形狀種類の如何を問はず、苟も人を殺傷する可能性を有する物件は悉く之を包含する（大正十四年五月二十六日大審院判決）。但し法文の棍捧なる文字は普通人の携帶するステツキの類を包含しないと解する（大正九年四月九日刑事局長通牒）。

（八）此等の物件は、警察官吏又は憲兵に於て必要と認めた場合に於ては、之を領置するの權限を認められて居る（法第一二一條第二項）。領置とは一時携帶者の占有を解き之を國家の保管に移すのであつて、其の所有を奪ふの意味ではない。即ち沒收と異り司法處分でなくして行政處分である。

如何なる場合に領置が出來るかと云ふことは、「必要と認むる場合」とのみあつて具體的に示してないが故に、警察官吏又は憲兵の自由裁量に依つて決定せらるゝのであるが、其の所持を許すことが選擧の自由を害し危險なりと認めらるゝ場合である。

第十款　戎器兇器携帶入場罪

法第百二十一條第一項の物件を携帶して選擧會場、開票所又は投票所に入つたことに依つて本罪が成立する（法第一二二條）。犯意、物件の種類、携帶の目的等前款説明と同樣である。其異るところは、右物件を持つて入場したことと刑罰の重き點とである。

法第百二十二條　前條ノ物件ヲ携帶シテ選擧會場、開票所又ハ投票所ニ入リタル者ハ三年以下ノ禁錮又ハ二千圓以下ノ罰金ニ處ス

前二條の罪を犯した場合に於ては、其の携帶したる物件は沒收される（法第一二三條）。

法第百二十三條　前二條ノ罪ヲ犯シタル場合ニ於テハ其ノ携帶シタル物件ヲ沒收ス

第十一款　氣勢を張るべき行爲を爲すの罪

本條の罪は、選擧に關して氣勢を張るの行爲を爲し、警察官吏の制止あるに拘らず仍其の制止の命に從はなかつた場合に成立する罪である（法第一二四條）。

法第百二十四條　選擧ニ關シ多衆集合シ若ハ隊伍ヲ組ミテ往來シ又ハ煙火、松明ノ類ヲ用ヒ若ハ鐘鼓、喇叭ノ類ヲ鳴ラシ旗幟其ノ他ノ標章ヲ用フル等氣勢ヲ張ルノ行爲ヲ爲シ警察官吏ノ制止ヲ受クルモ仍其ノ命ニ從ハサル者ハ六月以下ノ禁錮又ハ三百圓以下ノ罰金ニ處ス

（イ）氣勢を張るべき行爲の種類は、法文之を例示して居る即ち（一）多衆集合し、（二）隊伍を組

みて往來し、(三)煙火、松明の類を用ひ、(四)鐘鼓、喇叭の類を鳴らし、(五)旗幟其の他の標章を用ふること等である。玆に揭げた種類の行爲は氣勢を張るべき行爲の一例を示したに過ぎない。事實上氣勢を張るべき行爲は此の以外に種々あるであらう。其の如何なる行爲が氣勢を張るべき行爲となるかは、個々具體的の場合に於て判斷すべきものであつて、玆に一定の標準を設けて之を一律に定むることは困難である。故に玆に列記したる行爲及之に類似せる行爲は、本條に所謂氣勢を張るの行爲と見て差支なからう。然れども、同一の行爲と雖も、時と場合に依つては氣勢を張るの行爲となり或は然らざる場合もあることに注意せねばならぬ。

1. 立札、看板の類を扉の上に揭示する行爲は、氣勢を張るの行爲となるや否やに付いては地形上自然の場所に非ざる箇所に揭示するは、第百二十四條に所謂氣勢を張るの行爲に陷る虞がある。

2. 所謂「サンドウヰツチマン」と稱する大行燈又は看板等に、議員候補者の氏名を記載したもの等を背負ひ、街路を往來する行爲如何に關しては、選擧運動に關する文書圖畫に關する件の制限により、且其の服裝及連行人員等にして、本條に所謂氣勢を張るの行爲に陷らざる限り支障ない。

3. 選擧運動者又は使丁等着衣の背部に候補者の氏名を大書し、往來せしめたる場合本條の氣勢を張るの行爲と云ひ得るや、若し同樣の者數人又は十數人なる場合、第百二十四條に該當するや否やは當時の事情に依るのである。但し場合に依つては大正十五年の內務省令第五號第三條に違反し、法第百三十二條第二項に該當することがあるかも知れぬ。

（ロ） 本條の罪は、單に氣勢を張るべき行爲を爲したのみでは成立しない。之に對して警察官が制止し、仍其の制止を肯ぜずして氣勢を張るの行爲を續行した場合に本罪が成立する。警察官の制止の命令は何回以上いふと制限はないから、一回の制止でも之を肯ぜない場合には本罪が成立するが、其の制止の命令があつたことは、命令を受けた者に於て之を覺知することを必要とする。

第十二款　買收又は選擧の自由を妨害する罪の煽動罪

本罪は何等の方法を以てするを問はず、第百十二條乃至第百十三條の買收の罪、第百十五條、第百十八條乃至第百二十二條及第百二十四條の選擧の自由を妨害する罪を犯さしむる目的を以て人を煽動することに依つて成立する（法第一二五條）。

法第百二十五條　演說又ハ新聞紙、雜誌、引札、張札其ノ他何等ノ方法ヲ以テスルニ拘ラス第百十二條乃至第百十三條、第百十五條、第百十八條乃至第百二十二條及前條ノ罪ヲ犯サシムル目的ヲ以テ人ヲ煽動シタル者ハ一年以下ノ禁錮又ハ五百圓以下ノ罰金ニ處ス但シ新聞紙及雜誌ニ在リテハ仍其ノ編輯人及實際編輯ヲ擔當シタル者ヲ罰ス

本罪の構成要件としての主體及手段方法の如何は問はないのであるから、何人と雖も之が主體となり得る。

煽動の手段方法としては、法は演說、新聞紙、雜誌、引札、張札等を列記してあるが、之は氣勢を張るの行爲と同樣、例示に過ぎないが故に、此の以外に於て之に類似の方法を以てしたならば如何なる方法を以てするも本罪を犯すことが出來るのである。

（イ）　煽動とは不特定又は特定の多數人に對し中正の判斷を失はしめて、或る行爲の實行の決意を起さしめ又は既有の決意を助長せしむべき力を有する刺激を與ふることを云ふ。例へば

演說會に於て人を興奮せしむるが如き言辭を弄し、更に「議會を攻擊せよ」と云ふが如きは聽衆に中正の判斷を失はしめ議會攻擊の實行行爲の決意を與へたる刺激である。亦例へば議會に押しかける相談をして居る群衆に「やれ〳〵」と云ふは、既有の決意を助長せしむる力を有する刺激である。

煽動は敎唆とは異なる。敎唆は特定人に對して決意なきに對し、決意を與へる行爲であるが、煽動は必ずしも決意なき者に決意を與へたることを要しない。決意を助長せしむるも煽動である、亦、煽動は多くの場合不特定の多數の人に對して爲されたることを要する。亦、敎唆と異つて其の決意が實行されたることを必要としない。

（ロ）更に本罪の要件として必要なることは、選擧に關する買收及選擧の自由を妨害する罪を犯さしめる目的を以て煽動することを必要とする。

（ハ）本條但書の特例として新聞紙及雜誌の編輯人は、右に述べた如き犯意のない場合と雖、煽動的記事を掲載した事實のみを以て之を罰することゝなつて居る。新聞紙又は雜誌の編輯人として署名したる者の外、實際に編輯事務を擔當したる者も亦同樣に罰せられる（法第一二五條但書)。

編輯人の責任に關する規定は煽動罪にのみ適用せらるゝも、編輯人が實際敎唆罪を犯したる場合に於ては、敎唆に關する規定を適用すべきである(大正五年四月九日刑事局長通牒)。

第十三款　當選の爲めにする不實の言論を爲すの罪

本罪は選擧の公正を保持する爲に、演說又は新聞紙、雜誌、引札、張札其他何等の方法を以てするを問はず、議員候補者の身分、職業等に關する不實の言論を爲すに依つて成立する(法第一二六條)。

法第百二十六條　演說又ハ新聞紙、雜誌、引札、張札其ノ他何等ノ方法ヲ以テスルニ拘ラス左ノ各號ニ揭クル行爲ヲ爲シタル者ハ二年以下ノ禁錮又ハ千圓以下ノ罰金ニ處ス新聞紙及雜誌ニ在リテハ前條但書ノ例ニ依ル

一　當選ヲ得又ハ得シムル目的ヲ以テ議員候補者ノ身分、職業又ハ經歷ニ關シ虛僞ノ事項ヲ公ニシタルトキ

二　當選ヲ得シメサル目的ヲ以テ議員候補者ニ關シ虛僞ノ事項ヲ公ニシタルトキ

舊法に於ては其の第九十七條に於て所謂當選妨害罪として、當選を妨ぐる目的に出づる場合に於てのみ之を罰することゝしたのであるが、新法は其の範圍を廣くして、自己の當選を得又は他人をして之を得せしむる場合をも罰することゝし、以て選擧の公正を保持することゝした。即ち本罪は目的罪にして、虚僞の事實を公にすることが當選を得若は得しめ又は之を妨ぐるの目的に出づるものなることを要する。而して其の公にした事項が虚僞なることの認識あることを必要とする（大正四年七月二日大審院判決）。但し本條但書の特別規定に付ては、前條の場合と同樣此の目的及認識を要しない。

本罪の實行行爲は、議員候補者に關して虚僞の事實を公にすることであるが、その當選を得若くは得しむる目的に出づる場合と、當選を妨ぐるの目的に出づる場合とに依つて其の公にして罪と爲るべき事項の範圍が異つて居る。次に場合を分つて説明する。

（一）　當選を得若は得しむるの目的に出づる場合

議員候補者の身分、職業、經歷に關し虚僞の事項を公にすることに依つて成立する。虚僞の事項とは實際と符合しない事實を云ひ、その本條の罪となるは、之を公表することが當選を妨ぐるに至るべき性質のものでなければならぬ。その當選を得若は得しむる目的に出づる場合は、議員候補者の身分、職業、經歴に關し虚僞の事項を公にしたることを要する。

公表する虚僞の事實は具體的なることを要する。例へば何等學歴のないに拘らず「大學を卒業せり」と公表するが如きは犯罪となるが、單に抽象的に候補者の人物の偉大なることを述べたのみでは犯罪とならぬ。例へば「某の如き老猾なる古狸に一票たりとも投ずるの輩は國家の爲に不忠實なり。警戒せよ彼は只管甘佞辯につとむるとも當選の曉は野となれ山となれ主義なり。私利を貪り權門に阿諛するの徒、權門術策に巧妙なる山師的下劣漢なり」の如き言辭は、一種の抽象的觀念を表示したるに止まり、毫も具體的事實を表示したものと看做すことが出來ぬばかりか、果して眞實に反するや否やを判定するに由がないから、以て侮辱罪を構成するは格別、之を選擧法に違反するものと解することは出來ぬ（大正四年三月八日法務局長）。

（二）當選を妨ぐるの目的に出づる場合
前項の場合と異るところは、前項の場合は公表すべき虚僞事項は、候補者の身分、職業、經歷に限られてゐるが、本號の罪に付ては其の制限がない。尙所謂議員候補者に關する虛僞の事項なるものは、必ずしも候補者自身の言動若は候補者に責任を負はしむべき行爲に關する虛僞の事項のみを謂ふのではなくして、苟くも候補者に關係を及ぼすべき事項にして、之を公表すれば候補者の當選を妨害するに至るべき性質を有する虛僞の事項の總てを包含する（大正六年十一月三日大審院判決）。

又所謂虛僞の事項中には直接候補者自身に關する事項のみならず、間接事項と雖も其の事項が候補者に關連して、之を公表することが候補者の當選を妨ぐるに至るべき性質なる以上は總て之を包含する（大正九年十二月二十二日大審院判決）。

第六節　不正投票、投票の僞造及增減の罪

第一款　不正投票罪

不正投票の罪は（一）選擧人に非ざる者投票を爲し又は（二）氏名を詐稱し其の他の方法を以て投

票を爲したるに依つて成立する（法第一二七條）。

法第百二十七條　選擧人ニ非サル者投票ヲ爲シタルトキハ一年以下ノ禁錮又ハ五百圓以下ノ罰金ニ處ス
氏名ヲ詐稱シ其ノ他詐僞ノ方法ヲ以テ投票ヲ爲シタル者ハ二年以下ノ禁錮又ハ千圓以下ノ罰金ニ處ス
投票ヲ僞造シ又ハ其ノ數ヲ增減シタル者ハ三年以下ノ懲役若ハ禁錮又ハ二千圓以下ノ罰金ニ處ス
選擧事務ニ關係アル官吏吏員立會人又ハ監視者前項ノ罪ヲ犯シタルトキハ五年以下ノ懲役若ハ禁錮又ハ二千圓以下ノ罰金ニ處ス

（一）本條第一項の罪は選擧人に非ざる者に限り之を犯すことが出來、第二項は選擧權を有すると否とに拘らず之を犯すことが出來る。

選擧人に非ざる者とは、選擧人名簿に登錄されない者、及同名簿に登錄あるも實質上選擧權を有しない者を云ふ（大正九年四月九日刑事局長通牒）。

（二）本罪は、第一項の場合には自己が選擧人に非ざることを認識して投票を爲したること。第二項の場合は氏名を詐稱し其の他詐僞の方法を以て投票することを要す。其の他詐僞の方法とは投票管理者を欺罔し、正當に投票を爲すものの如く信ぜしむる諸般の不正手段を云ふ。

次に不正投票に關する二三の實例を示す。

(1) 地域を異にする甲乙二箇所に住居を有する者、甲乙二箇所の選擧人名簿に登錄せられたので甲乙双方の投票所に至り、各其の投票を爲した。右は法第百二十七條の違反である。

(2) 投票一紙を受取り乍ら巧に之を懷中に入れ、投票を爲さずして立歸り、該投票用紙に自派候補者の氏名を記載し、之を無筆の選擧人に交付し同人をして投票所に持行かしめて投票し、該選擧人の受取つた投票用紙は前記の如く持歸らしめ、他の選擧人に交付して前記の行爲を繰返さしめた。右は法第百二十七條第二項詐欺の投票である。

(3) 一地域内に在る甲乙二人同一氏名のものにして一人は選擧權を有し、他の一人は選擧權を有せない。而して選擧權を有せない他の一人が選擧人名簿に登錄せられあるので、選擧權ありと誤信して投票場に至り、投票を爲した。右は選擧權なきことに付當然認識し得べく、少くも法の不識に外ならぬ。從て法第百二十七條の違反なりと言はなければならぬが如くであるが、選擧人名簿に登錄せられたることに因り、錯誤に依り選擧權ありと信じたるものなるを以て、犯罪の故意がない。

(4)　第二十九條及第三十條一項に依り投票を爲すことを得ない者が投票を爲したるときは、第百二十七條の犯罪を構成する。

法第二十九條　選擧人名簿ニ登錄セラレサル者ハ投票ヲ爲スコトヲ得ス但シ選擧人名簿ニ登錄セラルヘキ確定判決書ヲ所持シ選擧ノ當日投票所ニ到ル者アルトキハ投票管理者ハ之ヲシテ投票ヲ爲サシムヘシ

法第三十條第一項　選擧人名簿ニ登錄セラレタル者選擧人名簿ニ登錄セラルルコトヲ得サル者ナルトキハ投票ヲ爲スコトヲ得ス選擧ノ當日選擧權ヲ有セサル者ナルトキ亦同シ

(5)　選擧人に非ざる者人の依賴を受け其の依賴者の如く裝ふて投票所に入り、方に投票せんとするとき發見せられたる未遂者も本條に依り、又依賴者は其の敎唆者として處罰せらるべきやに付ては本條の罪を構成しない。處罰すべき法條がない。

第二款　投票僞造及增減の罪

本罪は投票を僞造し又は投票の數を增減することに依つて成立する（第一二七條第三項）。選擧事務に關係ある官吏、吏員、立會人又は監視者が之を犯したるときは特に重く罰せられる（法第一二七條第四項)。

本罪は其の主體の何たるを問はないが、官吏、吏員其他選擧に關係ある公務員に依つて犯されたる場合、重く罰せらるゝは前述の通りである。

投票を僞造し又は投票を增減する行爲を罰するのであるが、其の行爲は既に投函せられた投票に付て之を爲すを要し、投函以前のものに付いては本罪を構成することがない。其の方法は投票に記載せられた氏名を變更し、締切後に投票し、故意に計算を誤るが如き方法に依つて行はれる。誤つて投票用紙二枚の交付を受けた場合、二枚に同一氏名を記載して投票せるが如き行爲は本條の罪に該る。

第七節　立會人義務違反罪

本罪は立會人が、正當の事故なくして本法に定めた義務に違背するに依つて成立する。從つて本條は立會人の非社會性に對する罪を規定したものではなくして、本法に定めた義務を履行せしむるが爲めに定めた刑罰規定である。

（一）立會人とは投票立會人、開票立會人及選擧立會人の三者で、此等の人が本條の義務に違反するには、正當の理由のなかつたことを必要條件とする。正當の理由とは病氣其の他止むを得ざる事由を指すのである。

（二）立會人の本法に定めたる義務は次の通である。

イ、投票所、開票所、選擧會場に立會の義務（二四、四八、六二）

ロ、辭職し得ざる義務（二四、四七、六一）

ハ、投票立會人は投票管理者に對し、投票拒否の意見を述ぶるの義務（三一）

ニ、各立會人は投票錄、開票錄、選擧錄に署名の義務（二四、五四、六四）

ホ、投票立會人は投票管理者と共に投票函投票錄等を開票管理者に送致の義務（三五）

ヘ、開票立會人は開票管理者に對し投票處理に對する意見を陳述するの義務（四九）

ト、開票立會人は開票管理者と共に投票を點檢するの義務（四九）

チ、開票立會人は開票管理者に對し投票の效力に關し意見を陳述するの義務（五一）

第八節　選擧犯罪の効果

第一款　當選無效及當選人連坐

當選人が其の選擧に關し衆議員議員選擧法第十二章の罰則を犯し、刑に處せられたるときは其の當選は無效となる。

選擧事務長又は選擧事務長に非ずして、事實上選擧運動を總括主宰した者が、法第百十二條乃至第百十三條の買收に關する罪を犯し、刑に處せられたときも亦同樣其の當選人の當選は無效となる。但し選擧事務長が刑に處せられた場合に於て、當選人が選擧事務長の選任及監督に付相當の注意を爲したるとき、又は選擧事務長に非ずして事實上選擧運動を總括主宰したる者が刑に處せられた場合に於て、當選人が、選擧事務長に非ずして事實上選擧運動を總括主宰した者なることを知らなかつたとき、若は其の者が當選人の制止に拘らず、事實上選擧運動を爲した者なるときは、其の當選は無效とならない（法第一三六條）。

（一）改正の要旨經過及理由

本條は昭和九年の第六十五議會を經て改正せられたもので、改正の要旨は

（イ）選擧事務長に非ずして、事實上選擧運動を總括主宰した者が、買收犯（法第一一二條乃至第一一三條）を犯し刑に處せられた場合に於て、當選人の當選を無效とするの制を採用した。

（ロ）舊法に於ては選擧事務長の買收犯罪を原因とする當選無效の訴訟は、選擧人又は議員候補者から大審院に出訴することを得ることゝなつて居たのを、現行法は事實上選擧運動を主宰した者の買收犯を原因とする當選無效と共に、刑事々件の公訴に附帶して檢事から之を提出すべきものとした。而して舊法は「出訴することを得」とあるを現行法は、「檢事は訴訟を提起することを要す」と改め、必ず之を提起しなければならぬことゝした。（法第八四條第二項）（府縣制第三四條第四項）。

（ハ）法第八十四條第二項の規定に依る訴訟に付ては、原則として刑事訴訟法中私訴に關する規定を準用することゝし（法第一四一條ノ二第一項）。之が訴訟に付ては當選無效の判決が

確定しても、公訴に付有罪の決判確定するまでは其の判決は效力を生じないものとした（法第一四一條ノ二第二項）。

政府は投票買收等悪質犯罪の徹底的防止により選擧界の淨化を期するため、法第百卅六條の所謂連坐但書を削除して、その選任監督に相當の注意をなしたと否とに拘らず、選擧事務長の犯罪確定と同時に議員候補者の當選が無效となるやうに改正案を提出したが衆議院では候補者が相當の注意をしても、なほ且つ候補者が連坐するのではとても安心して選擧を行ふ譯には行かない、あまりに候補者の人格權を無視した改正であるとの理由から、舊法通りの但書を付すると共に今回の改正案に新に挿入せられた「事實上選擧運動を主宰したる者」も「事實上選擧事務を執りたる者」と修正、主宰者は大體一人であるといふ觀念を文字に表現し、これにも「當選人の制止に拘らず」との但書を付した。

しかし貴族院においては、

（イ）連坐但書をそのまゝにしておくのでは眞に選擧革正の實が擧がらない。

（ロ）選擧界の腐敗がその極に達してゐたかつての英國においてもこの但書――英國では更

に嚴重――を削除することによつて現在の如く革正の實が擧つた。

（八）衆議院ではしきりに連坐但書を問題にするが、投票買收等の惡質犯罪を犯さない者にとつては何んでもない規定ではないか等の理由から但書の復活をはかるとゝもに、いはゆる「主宰者」に對する衆議院の修正は立法技術的にも頗る不明確であり、殆んど意味をなさないとの理由で政府原案に近く「總括主宰したる者」に再修正した。

この但書復活は衆議院にとつて依然痛い改正であるので、兩院協議會では相當論議が鬪はされ其結果事實上の事務長にあらずして事務を執りたるものなる字句を「總括主宰」と改め事務長並に總括主宰者ともに選任について相當の注意をなしたる時はこの限りにあらずとの但書を付することとし、實質的には衆議院案にして字句は貴族院案となつた。

（二）總括主宰の意義

事實上選擧運動を總括主宰した者といふのは、選擧事務長でなくして、事實上選擧事務長の仕事をして居る者を云ふのである。之は選擧界の實狀を見ると選擧事務長には種々の責任があつて、其選擧事務長の行爲か、候補者又は當選者に責任を負はせるやうな規定があるのであるから、選擧運動を巧に行ふ選擧事務長は、自分は選擧事務長であつても、之は表面の名目だけであつて、其實選擧事務を主宰する者が別に居るといふことになるので、實際取締の必要上此の改正法案が提出されたのである。

次に、事實上選擧運動を主宰したる者の認定の問題であるが、結局は裁判の結果を俟たなければならぬことになるのであるが、最初は檢事又は豫審判事が取調又は調書に依つて認めるのである。然し乍ら、裁判の結果、檢事に於て事實上選擧運動を主宰した者と認めて起訴した者であつても、如斯證據がないと認められた場合は、檢事の主張は通らないことになるのである。

第二款　選擧權及被選擧權の停止

（一）原則として衆議院議員選擧法の罰則違反の罪を犯し、罰金以上の刑に處せられたる者は五年間選擧及被選擧權を停止せられる。但し第百三十條及第百三十二條の罪を除く。之は今回の改正に依つて特に除外せられたもので、其の理由は、第百三十條及第百三十二條の罪は形式犯で、第百三十條は選擧事務所の數を超過したる罪、第百三十二條は極めて輕い罪でポスターの貼付、其他屆出等に關する罪であるから、斯る輕い罪を犯した者に對して選擧權、被選擧權を停止するは酷に失するが故である。

(二)　買收、利害關係利用等第百十二條乃至第百十三條の罪を犯し、刑に處せられたる者が更に同質の罪に付き刑に處せられた者に付ては、情狀重く且惡質の者であるが故に之等の者に付ては、制裁を重くして選擧權、被選擧權停止の期間を十年間とした。之も今回の改正に依つて加へられた規定である。

玆に再び刑に處せらるゝは必ずしも前に處せられたと同一の罪たることを要しない。例へば前に買收の罪に依つて刑に處せられた者が、今度は利害關係利用の罪に依つて刑に處せられた場合に於ても、本條の適用があること勿論である。但し前又は後に處せられた刑の一つが、第百十二條乃至第百十三條の罪以外の罪による場合は、本條の適用がない。

(三)　裁判所は情狀に因り、刑の言渡と同時に第一項第二項の選擧權、被選擧權停止の期間を短縮する旨を宣告することが出來る。

昭和十年八月十五日印刷
昭和十年八月二十日發行

選擧の取締と罰則

定價金九十錢

著者　若泉小太郎
東京市神田區淡路町二丁目七番地
發行者　上野豪彦
東京市神田區神保町三丁目二三番地
印刷所　小林美三

東京市神田區淡路町二丁目七番地
發行所　新光閣
電話神田（二）二〇一〇番・二〇一一番
振替東京四一一四三番

三美堂印刷所

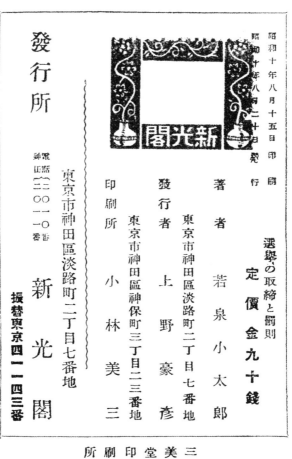

地方自治法研究復刊大系〔第277巻〕

府県会を主とする 選挙の取締と罰則〔昭和10年初版〕

日本立法資料全集 別巻 1087

2019(令和元)年9月25日　復刻版第1刷発行　7687-9:012-010-005

著　者　若泉小太郎
発行者　今井　貴
　　　　稲葉文子
発行所　株式会社信山社

〒113-0033 東京都文京区本郷6-2-9-102東大正門前
Ⓣ03(3818)1019　Ⓕ03(3818)0344
来栖支店〒309-1625 茨城県笠間市来栖2345-1
Ⓣ0296-71-0215　Ⓕ0296-72-5410
笠間才木支店〒309-1611 笠間市笠間515-3
Ⓣ0296-71-9081　Ⓕ0296-71-9082

印刷所　ワイズ書籍
製本所　カナメブックス
用　紙　七洋紙業

printed in Japan　分類 323.934 g 1087

ISBN978-4-7972-7687-9 C3332 ¥28000E

日本立法資料全集 別巻

地方自治法研究復刊大系

改正 市制町村制詳解〔明治44年5月発行〕／坪谷善四郎 著
改正 市制町村制註釈〔明治44年5月発行〕／中村文城 註釈
改正 市制町村制正解〔明治44年6月発行〕／武知彌三郎 著
改正 市町村制講義〔明治44年6月発行〕／法典研究会 著
新旧対照 改正 市制町村制新釈 明治44年初版〔明治44年6月発行〕／佐藤貞雄 編纂
改正 町村制詳解〔明治44年8月発行〕／長峰安三郎 三浦通太 野田千太郎 著
新旧対照 市制町村制正文〔明治44年8月発行〕自治館編輯局 編纂
地方革新講話〔明治44年9月発行〕西内天行 著
改正 市制町村制釈義〔明治44年9月発行〕／中川健藏 宮内國太郎 他 著
改正 市制町村制正解 附 施行諸規則〔明治44年10月発行〕／福井淳 著
改正 市制町村制講義 附 施行諸規則 及 市町村事務摘要〔明治44年10月発行〕／樋山廣業 著
新旧比照 改正市制町村制註釈 附 改正北海道二級町村制〔明治44年11月発行〕／植田鹽恵 著
改正 市町村制 並 附属法規〔明治44年11月発行〕／楠綾雄 編輯
改正 市制町村制精義 全〔明治44年12月発行〕／平田東助 題字 梶康郎 著述
改正 市制町村制義解〔明治45年1月発行〕／行政法研究会 講述 藤田謙堂 監修
増訂 地方制度之栞 第13版〔明治45年2月発行〕／警眼社編集部 編纂
地方自治 及 振興策〔明治45年3月発行〕／床次竹二郎 著
改正 市制町村制正解 附 施行諸規則 第7版〔明治45年3月発行〕福井淳 著
改正 市制町村制講義 全 第4版〔明治45年3月発行〕秋野沆 著
増訂 農村自治之研究 大正2年第5版〔大正2年6月発行〕／山崎延吉 著
自治之開発訓練〔大正元年6月発行〕／井上友一 著
市制町村制逐條示解〔初版〕第一分冊〔大正元年9月発行〕／五十嵐鑛三郎 他 著
市制町村制逐條示解〔初版〕第二分冊〔大正元年9月発行〕／五十嵐鑛三郎 他 著
改正 市町村制問答説明 附 施行細則 訂正増補3版〔大正元年12月発行〕／平井千太郎 編纂
改正 市制町村制註釈 附 施行諸規則〔大正2年3月発行〕／中村文城 註釈
改正 市町村制正文 附 施行法〔大正2年5月発行〕／林甲子太郎 編輯
増訂 地方制度之栞 第18版〔大正2年6月発行〕／警眼社 編集 編纂
改正 市制町村制詳解 附 関係法規 第13版〔大正2年7月発行〕／坪谷善四郎 著
改正 市制町村制 第5版〔大正2年7月発行〕／修学堂 編
細密調査 市町村便覧 附 分類官公衙公私学校銀行所在地一覧表〔大正2年10月発行〕／白山榮一郎 監修 森田公美 編著
改正 市制 及 町村制 訂正10版〔大正3年7月発行〕／山野金蔵 編輯
市制町村制正義〔第3版〕第一分冊〔大正3年10月発行〕／清水澄 末松偕一郎 他 著
市制町村制正義〔第3版〕第二分冊〔大正3年10月発行〕／清水澄 末松偕一郎 他 著
改正 市制町村制 及 附属法令〔大正3年11月発行〕／市町村雑誌社 編著
以呂波引 町村便覧〔大正4年2月発行〕／田山宗堯 編輯
改正 市制町村制講義 第10版〔大正5年6月発行〕／秋野沆 著
市制町村制実例大全〔第3版〕第一分冊〔大正5年9月発行〕／五十嵐鑛三郎 著
市制町村制実例大全〔第3版〕第二分冊〔大正5年9月発行〕／五十嵐鑛三郎 著
市町村名辞典〔大正5年10月発行〕／杉野耕三郎 編
市町村吏員提要 第3版〔大正6年12月発行〕／田邊好一 著
改正 市制町村制と衆議院議員選挙法〔大正6年2月発行〕／服部喜太郎 編輯
新旧対照 改正 市制町村制新釈 附 施行細則 及 執務條規〔大正6年5月発行〕／佐藤貞雄 編纂
増訂 地方制度之栞 大正6年第44版〔大正6年5月発行〕／警眼社編輯部 編纂
実地応用 町村制問答 第2版〔大正6年7月発行〕／市町村雑誌社 編纂
帝国市町村便覧〔大正6年9月発行〕／大西林五郎 編
地方自治講話〔大正7年12月発行〕／田中四郎左右衛門 編輯
最近検定 市町村名鑑 附 官国幣社及諸学校所在地一覧〔大正7年12月発行〕／藤澤衛彦 著
農村自治之研究 明治41年再版〔明治41年10月発行〕／山崎延吉 著
市制町村制講義〔大正8年1月発行〕／樋山廣業 著
改正 町村制詳解 第13版〔大正8年6月発行〕／長峰安三郎 三浦通太 野田千太郎 著
改正 市町村制註釈〔大正10年6月発行〕／田村浩 編集
大改正 市制 及 町村制〔大正10年6月発行〕／一書堂書店 編
市制町村制 並 附属法 訂正再版〔大正10年8月発行〕／自治館編集局 編纂
改正 市制町村制詳解〔大正10年11月発行〕／相馬昌三 菊池武夫 著
増補訂正 町村制詳解 第15版〔大正10年11月発行〕／長峰安三郎 三浦通太 野田千太郎 著
地方施設改良 訓諭演説集 第6版〔大正10年11月発行〕／鹽川玉江 編輯
戸数割規則正義 大正11年増補四版〔大正11年4月発行〕／田中廣太郎 著 近藤行太郎 著
東京市会先例彙輯〔大正11年6月発行〕／八田五三 編纂
市町村国税事務取扱手続〔大正11年8月発行〕／広島財務研究会 編纂
自治行政資料 斗米遺粒〔大正12年6月発行〕／樫田三郎 著
市町村大字読方名彙 大正12年度版〔大正12年6月発行〕／小川琢治 著
地方自治制要義 全〔大正12年7月発行〕／末松偕一郎 著
北海道市町村財政便覧 大正12年初版〔大正12年8月発行〕／川西輝昌 編纂
東京市政論 大正12年初版〔大正12年12月発行〕／東京市政調査会 編輯
帝国地方自治団体発達史 第3版〔大正13年3月発行〕／佐藤亀齢 編輯
自治制の活用と人 第3版〔大正13年4月発行〕／水野錬太郎 述
改正 市制町村制逐條示解〔改訂54版〕第一分冊〔大正13年5月発行〕／五十嵐鑛三郎 他 著
改正 市制町村制逐條示解〔改訂54版〕第二分冊〔大正13年5月発行〕／五十嵐鑛三郎 他 著
台湾 朝鮮 関東州 全国市町村便覧 各学校所在地 第一分冊〔大正13年5月発行〕／長谷川好太郎 編纂